# COMPÉTENCES

# EXPRESSION ORALE

## NIVEAU 4

Michèle Barféty

C1

CLE INTERNATIONAL
www.cle-inter.com

Direction éditoriale : Béatrice Rego
Édition : Brigitte Marie
Enregistrements : Vincent Bund
Mise en page couverture : Dagmar Stahringer
Mise en page : Nicole Sicre
© CLE International 2017
ISBN : 978-2-09-038195-5

# AVANT-PROPOS

**LES PLUS DE CETTE 2ᵉ ÉDITION ENTIÈREMENT RENOUVELÉE :**
**Une méthodologie mieux adaptée à l'épreuve du DALF C1.**
**De nouveaux documents en phase avec l'actualité.**

Cet ouvrage d'expression orale s'adresse à des apprenants adultes et adolescents totalisant au moins 420 heures d'apprentissage du français.
Le niveau de compétence requis correspond au niveau B2+ et C1 du Cadre européen commun de référence pour les langues.

Cette 2ᵉ édition, est résolument tournée vers l'acquisition des compétences nécessaires à **l'épreuve d'expression orale du DALF C1.**
En effet, tous les documents proposés, qu'ils soient iconographiques, sonores ou écrits ont pour objectif d'entraîner l'apprenant à prendre la parole pour **exprimer clairement son opinion, construire une argumentation cohérente et bien structurée, et débattre sur un sujet imposé.**

**La plupart des documents iconographiques et un grand nombre de documents sonores ont été renouvelés** pour répondre à ce besoin et pour mieux correspondre aux débats actuels de notre société.

**Tous les articles de presse sont nouveaux**, sur des **thèmes actuels** et choisis selon les critères de longueur, de contenu et de niveau de langue du DALF C1. Chaque dossier contient **deux sujets de type examen** avec des articles de presse, des exercices préparatoires et le thème à traiter pour l'exposé oral.

La préparation de la présentation orale, et l'entraînement au débat, spontané ou préparé, sont les fils conducteurs de l'ouvrage.

**Chacun des bilans contient des paragraphes rédigés pouvant être intégrés dans une présentation orale de type DALF C1 : introduction ou texte argumentatif.** Ils peuvent donc aussi être étudiés à ce titre.

## LES OUTILS

Les dialogues proposés contiennent des outils qui sont explicités dans l'unité. Ces **outils grammaticaux** et **communicatifs** sont accompagnés d'activités de repérage et de mise en pratique systématique à l'oral.

Les **outils méthodologiques** proposés ont pour objectif de donner à l'apprenant les moyens de construire une présentation orale et une argumentation avec clarté et cohérence.

L'indispensable **enrichissement lexical** passe par des **activités de reformulation, à pratiquer en binôme.** D'une part cette activité encourage les échanges sur la langue cible, d'autre part elle améliore la fixation de ce nouveau lexique : la verbalisation et les échanges entre apprenants permettant une meilleure appropriation du vocabulaire.
Pour réaliser ces exercices, il est fortement conseillé d'encourager les apprenants à utiliser **un dictionnaire français – français** qui les obligera à discuter et à arbitrer pour faire des choix. L'apprenant construit, dans ce domaine, ses propres outils.

## COMPOSITION ET FONCTIONNEMENT DE L'OUVRAGE

- **L'ouvrage se compose de 5 unités thématiques** qui abordent des **sujets de société** ainsi que des **sujets scientifiques** afin de répondre aux différentes options du **DALF C1.**
- Chaque unité comporte une série de documents déclencheurs de l'expression orale :
  – des documents iconographiques (photos, bandes dessinées...),
  – des documents sonores (discussions, débats, documents informatifs),
  – des documents écrits (articles de presse).

Les activités proposées ont essentiellement pour objectif de développer les capacités de l'apprenant à **analyser des documents**, à **reformuler de façon explicite une problématique donnée**, à **élaborer une réflexion** sur un thème proposé, à **construire une argumentation cohérente** puis à **exprimer son opinion** et à **débattre** pour convaincre.

Ce manuel d'exercices d'entraînement à l'expression orale est accompagné d'un CD contenant tous les documents sonores. Il peut être utilisé en classe, en complément de la méthode de FLE habituelle ou dans tout autre contexte d'apprentissage. Les transcriptions des enregistrements et des propositions de corrigés des exercices sont fournies à la fin du manuel.

# SOMMAIRE

**DOSSIER 1 – *Vie privée*** ............ page 6

OUTILS GRAMMATICAUX : La mise en relief avec les pronoms relatifs simples et composés.

OUTILS COMMUNICATIFS : Exprimer son accord, son désaccord, un jugement.

MÉTHODOLOGIE : L'épreuve de production orale C1.

THÈMES ABORDÉS : L'amitié. Technologies modernes et lien social. Les valeurs de la famille. La relation parents-enfants. Le couple et les loisirs. Apprendre à être heureux. Couples non-cohabitant.

**BILAN 1** ............ pages 24-25

**DOSSIER 2 – *Études, emploi*** ............ page 26

OUTILS GRAMMATICAUX : Les indéfinis pour exprimer une quantité, pour parler d'une chose, d'une idée ou d'une personne indéterminée.

OUTILS COMMUNICATIFS : Exprimer ses certitudes et ses doutes. Mettre en doute une affirmation.

MÉTHODOLOGIE : Introduire une explication, une explicitation. Structurer son discours.

THÈMES ABORDÉS : Les études. L'épanouissement au travail. Les choix d'orientation. La triche à l'école. Les études à l'étranger. Le revenu universel. Longues études ou métiers manuels. Les métiers de demain.

**BILAN 2** ............ pages 44-45

**DOSSIER 3 – *Dans l'air du temps*** ............ page 46

OUTILS GRAMMATICAUX : Les pronoms neutres : « le », « en », « y » et les doubles pronoms.

OUTILS COMMUNICATIFS : Prendre position. Justifier une prise de position. Admettre. Contester. Exprimer ses intentions, ses désirs et ses espoirs, ses craintes.

MÉTHODOLOGIE : Expliquer : introduire une cause, une conséquence, un but.

THÈMES ABORDÉS : Garder la forme. Les adulescents. La colocation. L'être et le paraître. La théorie du complot. Les droits des animaux et les véganes. Les plateformes Internet collaboratives.

**BILAN 3** ............ pages 64-65

**DOSSIER 4 – *Développement durable*** ............ page 66

OUTILS GRAMMATICAUX : Le groupe nominal : la caractérisation du nom par un adjectif, une subordonnée relative ou un groupe prépositionnel.

OUTILS COMMUNICATIFS : Concéder, objecter. Réfuter un énoncé et se justifier. Conforter ses idées. Exprimer sa déception et son inquiétude.

MÉTHODOLOGIE : Argumenter : introduire une opposition et une concession.

THÈMES ABORDÉS : Protection de la nature et développement économique. Le réchauffement climatique. Le développement durable. Le respect de l'environnement. Le gaspillage. Les tendances : bio et locavore. Tourisme et environnement.

**BILAN 4** ............ pages 84-85

### DOSSIER 5 – *Un monde technologique* .................................................................................................. **page 86**

OUTILS GRAMMATICAUX : Le groupe verbal : caractérisation du verbe par un adverbe, une locution adverbiale, un adjectif. Les propositions infinitives : après les verbes de perception, après « laisser » et « faire ».

OUTILS COMMUNICATIFS : Conseiller, dissuader, encourager, mettre en garde et rassurer.

MÉTHODOLOGIE : Introduire une condition ou une hypothèse. Similitude et différence.

THÈMES ABORDÉS : Tout faire en ligne. L'exploration des autres planètes et les extraterrestres. Internet et le respect de la confidentialité. Le voyage dans le temps. Les grandes inventions. L'obsolescence programmée. La e-santé. La maison connectée et les objets intelligents.

**BILAN 5** ................................................................................................................................................. **pages 104-105**

**TRANSCRIPTIONS DES ENREGISTREMENTS** ................................................................................................ **page 106**

**CORRIGÉS DES EXERCICES** ......................................................................................................................... **page 120**

# Dossier 1

## Vie privée

**OUTILS GRAMMATICAUX :** La mise en relief avec les pronoms relatifs simples et composés.
**OUTILS COMMUNICATIFS :** Exprimer son accord, son désaccord, un jugement.
**MÉTHODOLOGIE :** L'épreuve de production orale C1.

## 1. Analysez un document.
- Qu'est-ce que cette photo évoque pour vous ?
- Imaginez dans quel contexte elle a été prise.
- Présentez votre interprétation aux autres apprenants.
- Écoutez celle des autres apprenants. Posez-leur des questions complémentaires.

## 2. Posez une problématique.
- Seul/e ou par groupes de deux à quatre apprenants, imaginez une problématique en relation avec la photo proposée.
- Comparez votre problématique avec celle des autres groupes.
- En groupe, choisissez celle qui vous paraît la plus intéressante.

## 3. Argumentez.
- Seul/e ou en groupes, cherchez des arguments pour répondre à la problématique choisie.
- Présentez vos arguments aux autres groupes.
- Écoutez leurs arguments et discutez pour défendre votre position.

## EXTRAITS DE DIALOGUES
/////////////////////////////////////////////////////////////////////////////// Piste 1

### 1. Imaginez les situations.
- Écoutez ces extraits de dialogues.
- Imaginez la situation et l'identité des locuteurs.
- Par deux, discutez pour vous mettre d'accord.

### 2. Par deux, complétez les dialogues et jouez les scènes.
- Avec votre partenaire, imaginez un début et une suite à chacun de ces dialogues.
- Jouez les scènes.
- Discutez avec le groupe des différentes interprétations faites à partir du même document.

### 3. Repérez les structures.
- Réécoutez les extraits de dialogue.
- Notez les structures utilisées pour mettre en relief certains éléments de la phrase.

1. ................................................................................................................
................................................................................................................
................................................................................................................
................................................................................................................
................................................................................................................

2. ................................................................................................................
................................................................................................................
................................................................................................................
................................................................................................................
................................................................................................................

3. ................................................................................................................
................................................................................................................
................................................................................................................
................................................................................................................
................................................................................................................

4. ................................................................................................................
................................................................................................................
................................................................................................................
................................................................................................................
................................................................................................................

# OUTILS GRAMMATICAUX – LA MISE EN RELIEF

## Mise en relief d'un nom

- *c'est + nom + pronom relatif simple ou composé*
  **C'est** l'homme **dont** je t'ai parlé.
  **C'est** la voiture **avec laquelle** il a fait le tour du monde.
  **Ce sont** les projets **grâce auxquels** il a été élu.
  **C'est** la boulangerie **près de laquelle** elle travaille.

- *nom + c'est ce + pronom relatif simple ou composé (nom inanimé)*
  Les livres, **c'est ce qui** l'intéresse le plus.
  Sa maison, **c'est ce à quoi** il tient le plus.
  L'ordinateur, **c'est ce avec quoi** il travaille le mieux.

- *nom + c'est + pronom démonstratif + pronom relatif simple ou composé (nom animé)*
  Cette robe, **c'est celle que** Julien m'a offerte.
  Cette femme, **c'est celle avec laquelle** il avait rendez-vous hier.
  Les enfants de cette classe, **ce sont ceux pour lesquels** vous avez apporté ces cadeaux.

## Mise en relief d'un infinitif

- *c'est + infinitif + pronom relatif*
  **C'est** lire **qui** l'intéresse !
  **C'est** conduire **qu'**il déteste !
  **C'est** travailler **dont** j'ai besoin !

- *infinitif + c'est ce + pronom relatif*
  Naviguer, **c'est ce qu'**il rêve de faire.
  Voyager, **c'est ce dont** il rêve toujours.
  Partir, **c'est ce à quoi** nous pensons le plus souvent.

## Mise en relief d'un adjectif

- *c'est + adjectif + ce + pronom relatif*
  **C'est** intelligent **ce que** tu me dis là.
  **C'est** effrayant **ce qui** se passe ici.
  **C'est** incroyable **ce dont** il est capable.
  **C'est** pratique **ce avec quoi** tu travailles.

## Mise en relief d'une phrase

- *ce qui, ce que, ce dont ... remplacent une phrase.*
  **Ce que** nous savons, **c'est que** le voleur portait un chapeau.
  **Ce qui** est souhaitable, **c'est de** partir très tôt/**c'est qu'**il parte avant midi.
  **Ce dont** tu as besoin, **c'est de** dormir un peu/**c'est que** nous t'aidions.

- *Celui qui, celle que, ceux dont ... remplacent des personnes ou des choses précises.*
  **Celui dont** j'ai besoin, **c'est celui qui** est rangé dans l'armoire. (un objet masculin)
  **Celle avec qui** je travaille d'habitude **c'est celle que** tu as rencontrée hier. (une femme)
  **Ceux près desquels** Zazie est assise, **ce sont ceux dont** je t'ai parlé hier. (des gens)
  **Celles avec lesquelles** il parle, **ce sont celles avec qui** nous sommes allés en Asie. (les femmes)

## 4. À tour de rôle.

- Proposez, chacun à votre tour, une phrase en relation avec la photo en utilisant une mise en relief.
- N'hésitez pas à utiliser votre imagination. Si vous n'avez plus d'idée, vous êtes éliminé et le jeu continue.

## 5. Cherchez des arguments et discutez.

<u>La problématique</u>

***Les nouvelles technologies nuisent-elles au lien social ?***

- Répondez à la question posée et choisissez un partenaire qui est de votre avis.
- Par deux, cherchez des arguments pour défendre votre position.
- En groupe, présentez vos arguments et discutez avec les autres apprenants pour défendre votre position.

DOSSIER 1 ///Vie privée /// 9

## DOCUMENT SONORE

PISTE 2

### 1. Écoutez le document.

• Quel est le thème de la conversation ?

..................................................................................................................................

• Notez les différents sujets abordés par les interlocuteurs.
• Relevez les exemples donnés par les locuteurs pour soutenir leurs positions.

..................................................................................................................................
..................................................................................................................................
..................................................................................................................................
..................................................................................................................................
..................................................................................................................................
..................................................................................................................................
..................................................................................................................................
..................................................................................................................................
..................................................................................................................................
..................................................................................................................................

### 2. Discutez avec les autres apprenants pour contrôler ou compléter vos informations.

### 3. Réécoutez le document.

• Relevez les expressions utilisées pour exprimer son accord ou son désaccord.
• Relevez les formes utilisées pour porter un jugement.

..................................................................................................................................
..................................................................................................................................
..................................................................................................................................
..................................................................................................................................
..................................................................................................................................
..................................................................................................................................

### 4. Discutez.

• Reformulez ou expliquez chacune des phrases suivantes extraites du document sonore.
• Pour chacune d'elles, discutez avec les autres apprenants pour donner votre avis sur le sujet.
• Pensez à proposer des exemples pour illustrer vos arguments.
• Essayez de convaincre ceux qui ne sont pas d'accord avec vous.

1. « La famille reste une valeur sûre et même la plus importante de notre société. »
2. « Mariés, pacsés ou concubins, qu'est-ce que ça peut faire ? »
3. « Ce qui fait la famille, ce sont les enfants. »

4. « Les familles recomposées, ne me dis pas que c'est bon pour la vie de famille ça ! »
5. « Il me semble que les pères d'aujourd'hui s'intéressent beaucoup plus aux enfants que par le passé. »
6. « On est toujours mieux chez soi. »

## OUTILS COMMUNICATIFS

### Exprimer son accord
- Je suis (plutôt/tout à fait/absolument) d'accord avec vous/toi.
- Vous avez (tout à fait/absolument) raison. Je suis (entièrement) de votre avis.
- C'est vrai/juste/exact/évident/clair/certain (que + indicatif).
- Bien sûr/Sans aucun doute/Tout à fait/Absolument/Évidemment/Certainement/Bien entendu/Cela va de soi.

### Exprimer son désaccord
- Je ne suis pas (tout à fait/vraiment/du tout) d'accord avec vous.
- Vous avez tort. Je ne suis (absolument) pas de votre avis. Je ne partage pas votre avis.
- Ce n'est pas vrai. C'est faux. C'est inexact. Ce n'est pas sérieux ! Vous plaisantez !
- Pas du tout. Absolument pas. En aucun cas.

### Exprimer un jugement
- À la première personne.
  *Je trouve cette idée constructive (inadmissible/prometteuse ...).*
  *Je trouve dommage (intéressant/nécessaire ...) que + phrase au subjonctif.*
  *Ça me déplaît (me contrarie/m'intéresse ...) que + phrase au subjonctif.*

- Avec des constructions impersonnelles.
  **Il est + adjectif + de** (+ infinitif)
  *Il était urgent/regrettable/nécessaire ... de redonner de l'espoir aux parents.*

  **Il est + adjectif + que** (+ phrase au subjonctif sauf si l'adjectif exprime une certitude)
  *Il est normal/souhaitable/inadmissible ... qu'on sache tout ce que font nos enfants.*

  **Il semble + adjectif + de** (+ infinitif)
  *Il semble inutile/indispensable/normal ... de poursuivre le débat*

  **Il semble + adjectif + que** (+ phrase au subjonctif sauf si l'adjectif exprime une certitude)
  *Il semble intéressant/encourageant ... que tous les participants veuillent continuer la discussion.*

- Par le choix des adjectifs.
  *Le contrôle des naissances est un enjeu majeur de la société future. Les pays irresponsables dans ce domaine devront assumer les conséquences négatives de leur choix.*

- Par le choix des adverbes et des locutions adverbiales.
  *La société est hélas trop inégalitaire. Les familles aisées ont bien sûr plus de choix pour l'éducation de leurs enfants.*
  *Les couples homosexuels ont obtenu à grand peine le droit d'adopter un enfant. Aujourd'hui, ils réclament à juste raison l'égalité des droits en matière d'aide à la procréation médicalement assistée (PMA).*

- Par le choix des expressions.
  **On ne peut pas *accepter/refuser* ... que** les familles aisées soient aussi aidées par l'état.
  **On ne peut pas *laisser dire/contester* ... que** le mariage pour tous a bouleversé la famille.
  *Le droit à l'adoption pour tous, **qu'on le veuille ou non**, est source de division dans notre société.*

# BD

**DOSSIER 1 /// Vie privée /// 12**

## 1. Par deux, discutez et mettez-vous d'accord.

1. Qui sont les personnages présentés dans la BD ?
2. Où et à quel moment de la journée l'action se passe-t-elle ?
3. Que remarquez-vous dans le discours de la femme ?
4. Faites les corrections nécessaires à une meilleure compréhension du document.

..................................................................................................................................................
..................................................................................................................................................
..................................................................................................................................................
..................................................................................................................................................
..................................................................................................................................................

5. À qui s'adresse chacun des personnages de la BD ? Quelle impression cela donne-t-il ?
- Comparez vos réponses à celles des autres groupes.

## 2. Exprimez votre opinion.

- En groupe, donnez votre avis et discutez avec les autres apprenants.
1. Quel type de femme est représenté dans cette BD ?
2. Que pouvez-vous imaginer de sa vie ?
3. Que pensez-vous de sa relation avec ses enfants ?
4. Pourquoi, selon vous, fait-elle des erreurs de langage ?

## 3. Discutez.

- Répondez aux questions suivantes pour préparer la discussion.
1. Quelles sont les qualités nécessaires pour être une bonne mère ?
..................................................................................................................................................
2. Ces qualités sont-elles les mêmes pour être un bon père ou sont-elles différentes ?
..................................................................................................................................................
3. Les mères et les pères ont-ils le même rôle à jouer auprès des enfants ? Si non, pourquoi ?
..................................................................................................................................................
4. Est-il souhaitable que l'un des parents s'arrête de travailler pour s'occuper des enfants ?
Si oui, est-il indifférent que ce soit le père ou la mère ?
..................................................................................................................................................
5. La place des enfants dans la famille est-elle la même aujourd'hui que dans le passé ? Expliquez votre réponse.
..................................................................................................................................................
6. Est-il plus facile ou plus difficile d'avoir une vie de famille heureuse aujourd'hui que dans le passé ? Pourquoi ?
..................................................................................................................................................

- Donnez votre opinion sur chacune des questions posées, écoutez celle des autres apprenants et discutez pour défendre votre position.

## DOCUMENT SONORE

Piste 3

« La foire aux associations »

**1.** Écoutez le document et prenez des notes.

**2.** Discutez avec les autres apprenants pour contrôler ou compléter vos informations.

**3.** Exercices lexicaux.

• Par deux, reformulez les phrases ou expressions suivantes extraites du document.

**1.** de nombreuses foires aux associations fleurissent
..................................................................................................................

**2.** décrocher du quotidien
..................................................................................................................

**3.** des tas d'offres plus alléchantes les unes que les autres
..................................................................................................................

**4.** découvrir de nouveaux horizons
..................................................................................................................

**5.** les choses se gâtent
..................................................................................................................

**6.** mitonner des petits plats exotiques
..................................................................................................................

**7.** trouver un terrain d'entente
..................................................................................................................

**8.** se rallier à votre choix
..................................................................................................................

**9.** une atmosphère exécrable
..................................................................................................................

**10.** faire cavalier seul
..................................................................................................................

**11.** vous vous épanouirez en toute quiétude
..................................................................................................................

**12.** (des) activités auxquelles s'adonnent aussi bien des hommes que des femmes
..................................................................................................................

**4.** Cherchez des arguments et discutez.

<u>La problématique</u>

*Faut-il partager ses loisirs avec son conjoint pour maintenir une bonne relation ?*

• Répondez à la question posée et choisissez un partenaire qui est de votre avis.
• Par deux, cherchez trois arguments pour défendre votre position.

..................................................................................................................
..................................................................................................................
..................................................................................................................

- Pour chaque argument, cherchez un exemple qui puisse l'illustrer.

..................................................................................................
..................................................................................................
..................................................................................................

- Présentez vos arguments et vos exemples aux autres apprenants.
- Discutez pour défendre votre position.

## MÉTHODOLOGIE

### L'épreuve de production orale C1

1re partie : L'exposé sur le thème proposé
Votre exposé doit se composer de trois parties :
**L'introduction, le développement** et **la conclusion**.

#### 1. L'introduction
Vous devez : – situer le sujet dans son contexte,
– reformuler et expliquer la problématique,
– présenter un plan succinct de votre développement.

#### 2. Le développement
Vous devez : – présenter et expliquer 2 ou 3 idées essentielles accompagnées d'exemples,
– organiser vos idées logiquement,
– annoncer clairement chaque nouvelle idée.

#### 3. La conclusion
Vous devez : – rappeler brièvement les idées qui vous ont permis d'apporter une réponse à la question posée,
– répondre clairement à la problématique, même si bien sûr, votre réponse peut être nuancée.

Méthode de préparation
- Faites par écrit un plan schématique que vous pourrez consulter pendant la présentation.
  Exemple :   1re idée : xxxxx      Argument 1 xxxxx/exemple xxxxx.
                                    Argument 2 xxxxx/exemple xxxxx.
              2e idée : xxxxx       Argument 1 xxxxx/exemple xxxxx etc.
- N'écrivez pas des phrases complètes mais seulement des mots clés. Vous ne devez pas lire votre brouillon mais faire une présentation orale.
- *Vous devez utiliser, en les reformulant, des idées et des exemples tirés des documents proposés mais vous devez impérativement ajouter des idées et des exemples personnels.*
- Pensez à annoncer clairement à votre auditoire que vous commencez votre développement.
  Exemples : **« Comme je l'ai annoncé dans l'introduction, je vais tout d'abord vous parler de…/ m'intéresser à … »**/**« Tout d'abord, nous allons voir que … »**
- Annoncez également clairement que vous passez à la 2e partie et ainsi de suite.
  Exemples : **« Je vais maintenant aborder le deuxième point de mon exposé, c'est à dire … »**/ **« Passons à présent à un autre aspect de cette question … »**
- Pensez à introduire clairement votre conclusion. Exemples : **« Pour conclure, …/En conclusion, …/ Enfin, pour terminer cet exposé, … »**

2e partie : Le débat
- Vous devez argumenter pour défendre votre position au cours d'un débat.
- Animez le débat en posant à votre tour une question.
- Pensez à utiliser les articulateurs logiques dans les deux parties de votre épreuve orale.

# ENTRAÎNEZ-VOUS POUR LE DALF C1 – 1ᵉʳ sujet

## 1. Lisez le 1ᵉʳ document.

### Apprendre à être heureux, c'est possible

**HEUREUX** – <u>Le bonheur se cultive</u>, paraît-il. **Plus facile à dire qu'à faire ?** En cette journée internationale du bonheur, Europe 1 vous éclaire sur la question.

Certains le vivent <u>sans s'en rendre compte</u>, d'autres l'imaginent <u>à défaut de le connaître</u>. Rien de plus indéfinissable et d'insaisissable que le bonheur. Alors qu'a lieu vendredi la journée internationale du bonheur, beaucoup croient détenir sa recette pour <u>voir la vie en rose</u> : avoir de l'argent, <u>s'épanouir dans sa vie</u> professionnelle, vivre au soleil, trouver l'amour et savoir le garder. Mais pour le professeur Michel Lejoyeux, psychiatre à l'hôpital Bichat de Paris, il n'existe pas un seul mode d'emploi du bonheur. Sa raison ? Le bonheur dépend d'abord d'une bonne connaissance de soi.

**Tout est une question ... d'état d'esprit.** Pour être heureux un jour, « il faut s'attendre à l'être », résume Michel Lejoyeux. Autrement dit, « il ne faut pas se moquer de l'optimisme, penser que c'est une idée absurde mais plutôt l'adopter en se disant "je suis capable d'être heureux un jour" », explique-t-il. <u>Voir le verre à moitié plein plutôt qu'à moitié vide</u>, en quelque sorte. (...)

<u>Petit bémol</u> cependant, pour se croire disposé au bonheur, il faut plutôt une bonne estime de soi ? « Oui », admet le professeur Lejoyeux.

**On ne solde pas son passé.** « On ne peut pas être dépendant de son passé », estime Michel Lejoyeux. Une des marches à franchir pour cultiver son bonheur est donc de bien le connaître. Les relations avec ses parents, avec ses frères et sœurs durant son enfance font partie des thèmes à ne pas occulter. <u>La politique de l'autruche</u> n'est donc pas la solution ? Non, affirme le spécialiste, « le vide absolu du passé ne fonctionne pas ».

**Détecter ses mauvaises habitudes.** Une autre manière de cultiver son bonheur est de savoir mettre fin à ses mauvaises habitudes. « Toutes les relations pathologiques sont à écarter », explique Michel Lejoyeux. Il propose ainsi de travailler sur ses défauts. Le comportement du colérique ou du jaloux par exemple mène difficilement au bonheur. Celui qui est addictologue en plus d'être psychiatre énumère aussi les autres obstacles au bonheur : le tabac, l'alcool et la drogue. Car « pour être heureux, il faut être en bonne santé », juge-t-il. Mais fumer une cigarette et boire une bonne bière ne sont-ils pas aussi des petits bonheurs du quotidien ? « Sur le long terme, non car fumer peut donner le cancer, pas vraiment compatible avec le bonheur », avance le Pr Lejoyeux.

**Le téléphone tue le moment présent.** Si l'introspection est <u>déterminante</u> dans l'accès au bonheur, il faut aussi savoir profiter des bonheurs du quotidien, explique le psychiatre. Concrètement ? Vivre pleinement « ce que nous vivons ». Cela peut-être « un rendez-vous familial, amical ou amoureux ». Mais pour profiter pleinement du moment présent, il est indispensable, selon Michel Lejoyeux, de « débrancher son ordinateur et son téléphone qui empêchent de vivre le moment présent en le polluant ».

*20/03/2015 – www.europe1.fr*

## 2. Exercices lexicaux.

• Par deux, reformulez les phrases, les expressions, ou les mots suivants.

**1.** Le bonheur se cultive

..................................................................................................................................

**2.** sans s'en rendre compte

..................................................................................................................................

**3.** à défaut de le connaître

..................................................................................................................................

**4.** voir la vie en rose

..................................................................................................................................

**5.** s'épanouir dans sa vie

..................................................................................................................................

**6.** Voir le verre à moitié plein plutôt qu'à moitié vide

..................................................................................................

**7.** Petit bémol

..................................................................................................

**8.** On ne solde pas son passé

..................................................................................................

**9.** La politique de l'autruche

..................................................................................................

**10.** l'introspection est déterminante

..................................................................................................

## 3. Lisez le second document.

### Le difficile art d'être heureux

[...] Bonheur. Le mot qui fait recette. Glissé dans le titre d'un livre, les ventes s'envolent. Posé comme trame d'un film, il remplit les salles obscures. La promesse d'être heureux concentre les intérêts dès qu'elle est glissée à la une d'un magazine.[...]

Le marketing, en installant ce que Pascal Bruckner appelait si justement "la dictature du bonheur", nous enferme à coups de complexes dans ce qu'il y a de plus superficiel pour mieux régenter nos pulsions. Un avis que partage le moine bouddhiste français Matthieu Ricard [...] « Tout ce qui vous promet une euphorie perpétuelle en sept points, trois semaines et sans efforts est plutôt louche. » [...]

**« Bonheur national brut »**

Parti à 26 ans dans l'Himalaya pour embrasser la vie monastique, Matthieu Ricard, auteur de *Plaidoyer pour l'altruisme* (NiL éditions), aime analyser deux aspects qu'il appelle respectivement « les conditions extérieures du bien-être » et « les conditions intérieures du bonheur ».

« Concernant les conditions extérieures du bien-être, la plupart des objectifs du millénaire que se sont fixé les Nations Unies (limiter l'extrême pauvreté et la faim, assurer l'éducation pour tous, améliorer la santé maternelle, etc.) sont en voie d'être accomplis », affirme-t-il. [...]

Par ailleurs, comme l'a bien montré Steven Pinker, professeur à Harvard, globalement, la violence dans le monde n'a cessé de diminuer depuis cinq siècles. Nous avons aujourd'hui en France cent fois moins de chances de mourir d'un homicide qu'au XIV$^e$ siècle... »

« En ce qui concerne le bien-être subjectif, c'est-à-dire les conditions intérieures du bonheur, poursuit Matthieu Ricard, la situation est plus mélangée. En dépit de l'amélioration des conditions extérieures dans les pays développés, la dépression y est dix fois plus fréquente qu'en 1960 et elle affecte des individus de plus en plus jeunes. Il y a quarante ans, l'âge moyen des personnes atteintes pour la première fois d'une dépression grave était de 29 ans. Il est maintenant de 14. Les recherches du psychologue Tim Kasser ont également mis en évidence le coût élevé des valeurs matérialistes et montré que les personnes qui concentrent leur existence sur la richesse, l'image, le statut social et autres valeurs matérialistes promues par la société de consommation, sont moins satisfaites de leur existence. »

Pour *François-Xavier Bellamy, il ne fait pas de doute que « nos sociétés occidentales, qui jouissent d'un confort inédit dans l'histoire humaine, produisent pourtant du malheur à grande échelle. La société française bat tous les records en matière de consommation d'antidépresseurs, précise cet ex-conseiller de plusieurs cabinets ministériels. Il faut parfois rencontrer des personnes et des sociétés bien plus démunies pour rencontrer un vrai bonheur. Nous devrions nous interroger ensemble sur cet échec collectif ! »

« Il est donc important de ne pas sous-estimer l'influence des conditions intérieures du bonheur considéré comme une manière d'être, renchérit Matthieu Ricard. Notre esprit peut être notre meilleur ami comme notre pire ennemi. »

- *(Extrait) – Christophe Doré – 02/09/2015 – Le Figaro Magazine*
- *François-Xavier Bellamy : agrégé de philosophie et maire adjoint de Versailles

## 4. Exercices lexicaux.

• Par deux, reformulez les phrases, les expressions, ou les mots suivants.

**1.** les ventes s'envolent
..................................................................................................................................................

**2.** posé comme trame d'un film, il remplit les salles obscures
..................................................................................................................................................

**3.** à la une d'un magazine
..................................................................................................................................................

**4.** (le marketing) … nous enferme à coups de complexes dans ce qu'il y a de plus superficiel pour mieux régenter nos pulsions
..................................................................................................................................................

**5.** plutôt louche
..................................................................................................................................................

**6.** embrasser la vie monastique
..................................................................................................................................................

**7.** plaidoyer pour l'altruisme
..................................................................................................................................................

**8.** (les) valeurs matérialistes promues par la société de consommation
..................................................................................................................................................

**9.** nos sociétés occidentales, (qui) jouissent d'un confort inédit dans l'histoire humaine
..................................................................................................................................................

**10.** à grande échelle
..................................................................................................................................................

**11.** (la société française) bat tous les records en matière de consommation d'antidépresseurs
..................................................................................................................................................

**12.** des personnes et des sociétés bien plus démunies
..................................................................................................................................................

**13.** renchérit Matthieu Ricard
..................................................................................................................................................

## 5. Discutez.

• Répondez aux questions suivantes pour préparer la discussion.

**1.** Sur quels critères peut-on juger que l'on est heureux ou malheureux ?
..................................................................................................................................................

**2.** Selon le rapport 2016 qui rend compte de l'IRB, l'indice relatif de bonheur par pays, la France n'arrive qu'en 32$^e$ position. Qu'en pensez-vous ?
..................................................................................................................................................

**3.** Selon vous, quel est le pays qui mérite la 1$^{re}$ place ? Pourquoi ?
..................................................................................................................................................

• Donnez votre opinion sur chacune des questions posées, écoutez celle des autres apprenants et discutez pour défendre votre position.

## 6. Par deux, préparez l'exposé oral.

• Répondez à la question posée et choisissez un partenaire qui est de votre avis.
• Relevez dans les textes proposés les idées principales et les exemples qui vous seront utiles pour préparer un exposé sur le thème :

*Le bonheur est-il accessible à tous ?*

......................................................................................................................................................
......................................................................................................................................................
......................................................................................................................................................
......................................................................................................................................................
......................................................................................................................................................
......................................................................................................................................................

• Proposez des idées complémentaires ou contradictoires sur le même sujet. Cherchez des exemples pour illustrer vos idées.

......................................................................................................................................................
......................................................................................................................................................
......................................................................................................................................................
......................................................................................................................................................
......................................................................................................................................................

• Sélectionnez les trois ou quatre idées principales que vous souhaitez retenir pour l'exposé. Organisez-les selon un ordre logique. Ajoutez des idées secondaires.

......................................................................................................................................................
......................................................................................................................................................
......................................................................................................................................................
......................................................................................................................................................
......................................................................................................................................................

• Reformulez la problématique pour préparer l'introduction.

......................................................................................................................................................
......................................................................................................................................................

• Formulez clairement votre réponse à la question posée pour la conclusion.

......................................................................................................................................................
......................................................................................................................................................

## 7. Introduisez le sujet et discutez.

• Un binôme introduit le sujet et présente brièvement ses arguments.
• Posez-leur des questions pour qu'ils précisent leurs idées ou qu'ils les illustrent par des exemples.
• Présentez vos arguments et vos exemples s'ils sont différents.
• Discutez pour défendre votre position.

# ENTRAÎNEZ-VOUS POUR LE DALF C1 – 2ᵉ sujet

## 1. Lisez le 1ᵉʳ document.

### Que gagne-t-on à vivre en couple ?

Il y a quelques années, une enquête de l'Insee avait fait grand bruit. On y apprenait en effet que ceux qui vivent en couple avaient plus de chances de vivre plus longtemps, et en bonne santé, que les célibataires. Pour les partenaires ayant entre 40 et 50 ans, la vie à deux s'avérait presque « magique », le taux de mortalité s'y trouvant de deux à trois fois moins élevé que chez les célibataires.

Ces informations, dans un contexte où le taux de mariages ne cesse de diminuer, où 40 à 45 % d'entre eux finissent par un divorce (généralement au bout de douze ans de vie commune), avaient de quoi réjouir les « pro-couple ». (...) Vivre à deux n'éloigne pas que la maladie. Cela protège de la précarité, de l'isolement social, de certaines conduites à risques... Et, psychologiquement parlant, la formule reste très efficace en termes de transformation de chacun, ainsi que l'a observé, tout au long de sa carrière, le sociologue Jean-Claude Kaufmann. « Elle m'a tiré vers le haut », disait de sa compagne « longue durée » un témoin filmé dans un documentaire (...), manière de joliment résumer la stimulation, voire la progression personnelle rendue possible par la vie commune (en cas de violences conjugales ou de mauvais rapports, cette intensité a malheureusement autant d'effets, dans un sens destructeur...).

**« La meilleure thérapie qui soit »**

En général protecteur et formidable sas d'entraide, le couple ? « Dans une époque où les liens traditionnels de solidarité – la famille élargie, le village... – s'effritent, le repli s'effectue sur de plus petites unités. Le couple est certainement une cellule économique qui apparaît comme un refuge », (...) « Cependant, cet apport est secondaire par rapport à l'aspect narcissique. » En effet, à travers son ou sa partenaire, les projets qu'ils accomplissent ensemble, l'éducation qu'ils donnent à leurs enfants, la décoration de leur habitation commune, chacun peut dire en réalité quelque chose de sa personnalité profonde... « Le couple reste l'un des derniers lieux où l'on peut dévoiler et livrer son moi intime », résume la sociologue Bernadette Bawin-Legros. Alors que la pression économique s'intensifie, que la liberté d'expression de chacun, notamment dans la vie professionnelle, se restreint, l'espace conjugal pourrait paradoxalement représenter l'un des derniers endroits d'émancipation, ce qui n'est pas sans être un véritable paradoxe pour ceux qui craignent de s'engager !

Autre apport inégalé du couple : « C'est un lieu de production émotionnelle privilégiée », rappelle la psychothérapeute Hannelore Schrod (...). « Vivre à deux est l'acte le plus créatif que l'on puisse poser dans la vie, poursuit-elle avec enthousiasme, car à partir de lui peut s'enclencher la réparation individuelle de chacun. »

De nombreux thérapeutes familiaux considèrent en effet que les couples ne sont pas uniquement constitués de deux personnes. Symboliquement, chacun arrive dans la vie conjugale avec les mythes hérités de ses propres parents, voire ceux rapportés de ses unions précédentes... Et il s'agit alors d'inventer un mythe nouveau. (...) L'idée qu'il faut rester ensemble, solidaires, assumer la sécurité familiale, s'entraider... Mais aujourd'hui, dans le couple contemporain, c'est comme si l'on devait s'aider réciproquement à s'épanouir ! » (...)

*Pascale Senk – 30/04/2015 – sante.lefigaro.fr*

## 2. Exercices lexicaux.

• Par deux, reformulez les phrases ou expressions suivantes.

**1.** une enquête de l'Insee avait fait grand bruit

..................................................................................................................

**2.** la vie à deux s'avérait presque « magique »

..................................................................................................................

**3.** Elle m'a tiré vers le haut

..................................................................................................................

**4.** formidable sas d'entraide

..................................................................................................................

**5.** les liens traditionnels (…) s'effritent

..................................................................................................................

**6.** dévoiler et livrer son moi intime

..................................................................................................................

**7.** l'espace conjugal pourrait paradoxalement représenter l'un des derniers endroits d'émancipation

..................................................................................................................

**8.** car à partir de lui peut s'enclencher la réparation individuelle de chacun

..................................................................................................................

• Expliquez ce que signifie concrètement cette phrase du texte :
« Cela protège de la précarité, de l'isolement social, de certaines conduites à risques … »

..................................................................................................................
..................................................................................................................
..................................................................................................................
..................................................................................................................

## 3. Lisez le second document.

### Couple : ils s'aiment mais vivent séparément

À la vie à deux, ils préfèrent la liberté de se voir. Entre indépendance revendiquée et avenir incertain, ces relations hors normes sont-elles vraiment viables ? Analyse et témoignages.

« Chez toi ou chez moi ? ». Malgré les apparences, le texto envoyé ce mardi soir par Lucie, 28 ans, n'est pas destiné à un inconnu rencontré sur Tinder mais bien à Oscar, son compagnon. Ensemble depuis quatre ans, ils vivent séparément. « On adore ce mode de vie ! On navigue entre nos deux appartements sans aucun problème », assure Lucie. Le jeune couple est loin d'être un cas isolé.

Selon les derniers chiffres publiés par l'Insee en 2013, 2,8 millions des 32 millions de personnes déclarant être engagées dans une relation ne partageraient pas le même foyer. On les appelle les couples non cohabitant. (…) « Cette tendance correspond à une profonde mutation relationnelle », complète Salama Marine, psychologue spécialiste du couple. « Le modèle de l'amour fusionnel n'est plus forcément celui qui fait rêver. Ce que l'on désire désormais ? Être célibataires … mais à deux, à la recherche de toujours plus d'autonomie. »

**Lisser les aspérités du quotidien**

« On a tous les deux des rythmes intenses, un travail et des amis. Il est hors de question de renoncer à tout ça. Résultat, on se voit en fonction de nos disponibilités mais surtout de nos envies », reprend Lucie qui tient farouchement à son « indépendance ». « J'aime regarder *Game of Thrones* jusqu'à 3 h du matin et laisser traîner ma vaisselle sale sans subir récriminations et remontrances. La vie à deux m'apparaît trop souvent comme un arbitrage pointilleux entre ce que l'on veut et ce que l'autre attend », renchérit Oscar. Lisser les aspérités du quotidien, éliminer le prosaïque pour ne partager que le plaisir d'être ensemble : si la démarche de Lucie et Oscar semble avant tout traduire un besoin de liberté inextinguible, elle pose néanmoins la question de l'individualisme dans le couple. En effet, en refusant de partager contraintes et autres tracas, le couple, ici à mille lieux de la formule consacrée « pour le meilleur et pour le pire », fait-il vraiment couple ? « En couple, on doit donner quelque chose de soi, de son intimité à la fois physique et psychique », souligne le psychiatre Robert Neuburger. (…)

L'ère de la réalisation de soi

Une question que ne se pose pas Agnès. À 52 ans, cette juriste se dit « épanouie ». Depuis 11 ans, elle partage la vie de Paul. Une relation sereine, apaisée, fondée sur un mode de vie bien huilé : « On se retrouve les mardi, vendredi, samedi et dimanche », égrène-t-elle tranquillement.

« Ce rituel peut paraître extrêmement routinier, voire rébarbatif mais à notre âge on se plaît à ce rythme régulier, on trouve notre équilibre dans cette alternance de moments seuls et à deux. »

Divorcée depuis 20 ans, la deuxième vie d'Agnès est traversée par le fantôme de ses échecs passés. Elle n'a qu'une crainte, celle de voir resurgir les obligations du quotidien qui ont fini par empoisonner ce premier mariage. « Le couple n'est plus l'espace de la contrainte, du renoncement ou du devoir. Au contraire, on est aujourd'hui à l'ère de la réalisation de soi », commente la sociologue Laura Merla. (...)

31/08/2015 – lexpress.fr/styles/psycho

## 4. Exercices lexicaux.

• Par deux, reformulez les phrases, les expressions, ou les mots suivants.

1. indépendance revendiquée
..............................................................................................................................................
2. une profonde mutation relationnelle
..............................................................................................................................................
3. Lisser les aspérités du quotidien
..............................................................................................................................................
4. subir récriminations et remontrances
..............................................................................................................................................
5. un arbitrage pointilleux
..............................................................................................................................................
6. éliminer le prosaïque
..............................................................................................................................................
7. un besoin de liberté inextinguible
..............................................................................................................................................
8. contraintes et autres tracas
..............................................................................................................................................
9. à mille lieux de …
..............................................................................................................................................
10. un mode de vie bien huilé
..............................................................................................................................................
11. égrène-t-elle
..............................................................................................................................................
12. extrêmement routinier, voire rébarbatif
..............................................................................................................................................

## 5. Discutez.

• Répondez aux questions suivantes pour préparer le débat.

1. Un couple non-cohabitant est-il vraiment un couple ?
..............................................................................................................................................
2. La vie de couple est-elle compatible avec le stress de la vie moderne ?
..............................................................................................................................................
3. La non-cohabitation est-elle une forme d'égoïsme ?
..............................................................................................................................................

- Donnez votre opinion sur chacune des questions posées, écoutez celle des autres apprenants et discutez pour défendre votre position.

## 6. Par deux, préparez l'exposé oral.
- Répondez à la question posée et choisissez un partenaire qui est de votre avis.
- Relevez dans les textes proposés les idées principales et les exemples qui vous seront utiles pour préparer un exposé sur le thème :

*N'y a-t-il que des avantages à vivre en couple non-cohabitant ?*

................................................................................................................
................................................................................................................
................................................................................................................
................................................................................................................
................................................................................................................

- Proposez des idées complémentaires ou contradictoires sur le même sujet. Cherchez des exemples pour illustrer vos idées.

................................................................................................................
................................................................................................................
................................................................................................................
................................................................................................................
................................................................................................................

- Sélectionnez les trois ou quatre idées principales que vous souhaitez retenir pour l'exposé. Organisez-les selon un ordre logique. Ajoutez des idées secondaires.

................................................................................................................
................................................................................................................
................................................................................................................
................................................................................................................
................................................................................................................

- Reformulez la problématique pour préparer l'introduction.

................................................................................................................
................................................................................................................

- Formulez clairement votre réponse à la question posée pour la conclusion.

................................................................................................................
................................................................................................................

## 7. Introduisez le sujet et discutez.
- Un binôme introduit le sujet et présente brièvement ses arguments.
- Posez-leur des questions pour qu'ils précisent leurs idées ou qu'ils les illustrent par des exemples.
- Présentez vos arguments et vos exemples s'ils sont différents.
- Discutez pour défendre votre position.

# Bilan

### Donnez la réplique en utilisant la mise en relief. *(1 point par réponse)*
### Attention, vous devez varier les constructions et les pronoms relatifs.

« Que pensez-vous de l'amitié ? »

**1.** « ............................................................................................................... »

**2.** « ............................................................................................................... »

**3.** « ............................................................................................................... »

**4.** « ............................................................................................................... »

**5.** « ............................................................................................................... »

**6.** « ............................................................................................................... »

**7.** « ............................................................................................................... »

### Donnez la réplique en exprimant votre accord ou votre désaccord. *(1 point par réponse)*

« Vivre en couple est vraiment difficile. »

**8.** « Oui,........................................................................................................ »

**9.** « Oui,........................................................................................................ »

**10.** « Oui,...................................................................................................... »

**11.** « Oui,...................................................................................................... »

**12.** « Non,..................................................................................................... »

**13.** « Non,..................................................................................................... »

**14.** « Non,..................................................................................................... »

**15.** « Non,..................................................................................................... »

**16.** « Non,..................................................................................................... »

### Réagissez à cette affirmation en exprimant un jugement. *(1 point par réponse)*

(Utilisez : 17 et 18 deux formes différentes à la première personne, 19 et 20 deux constructions impersonnelles différentes.)

« Certains pays veulent interdire l'IVG. » (Interruption volontaire de grossesse)

**17.** « ............................................................................................................. »

**18.** « ............................................................................................................. »

**19.** « ............................................................................................................. »

**20.** « ............................................................................................................. »

## Réagissez à cette affirmation en exprimant un jugement. *(1 point par réponse)*

(Utilisez : 21 un adjectif, 22 un adverbe, 23 une locution adverbiale, 24 une expression.)

« Le mariage pour tous existe en France depuis 2013. »

**21.** « ................................................................................................ »

**22.** « ................................................................................................ »

**23.** « ................................................................................................ »

**24.** « ................................................................................................ »

## Choisissez les trois paragraphes utiles pour introduire l'exposé et remettez-les dans l'ordre logique.

*(2 points par bonne réponse placée correctement)*

SUJET : ***Les parents d'aujourd'hui sont-ils trop tolérants avec leurs enfants ?***

A – Tout d'abord, nous allons expliquer pourquoi les parents sont effectivement trop tolérants, quelles sont les difficultés qu'ils rencontrent pour élever leurs enfants et leur impuissance à réagir toujours correctement.
Puis, nous parlerons des conséquences négatives que ce mode d'éducation peut avoir dans la vie sociale des enfants et plus tard, des adultes.
Et finalement, nous expliquerons ce qu'il faudrait faire pour améliorer cette situation et redonner une place raisonnable à l'autorité parentale.

B – Depuis déjà de nombreuses années, les médias dénoncent le laxisme éducatif qui serait à l'origine de tous les maux de la société, des incivilités quotidiennes à la petite ou la grande délinquance jusqu'aux dérives extrémistes.

C – Nous allons tout d'abord parler des différences dans l'éducation parentale que l'on peut noter à travers les dernières générations : la nôtre et celle de nos parents et de nos grands-parents, puis nous verrons les conséquences éventuelles de ces différences sur la société.
Nous parlerons ensuite de ce qui peut entraîner les parents à être plus ou moins tolérants avec leurs enfants, la société actuelle étant assez différente de celle de nos parents et surtout de nos grands-parents.
Et enfin, nous verrons si ces conséquences négatives ou positives doivent pousser les parents à modifier leur comportement vis à vis de leurs enfants et si oui, comment.

D – Être parent est une lourde tâche. Chacun fait ce qu'il peut et il est injuste d'accuser les uns ou les autres de ne pas élever convenablement leurs enfants. Bien sûr, les parents ont des responsabilités qu'ils doivent assumer. C'est leur devoir et ils ne devraient pas s'y soustraire.

E – L'éducation parentale, au même titre que l'éducation scolaire est ainsi remise en cause. Les parents sont-ils trop tolérants avec leurs enfants ? Sont-ils incapables ou bien réticents à leur fixer des limites ? Ce mode éducatif a-t-il des effets négatifs et est-il effectivement responsable des difficultés que nous rencontrons dans la société ?

F – Les parents, dont le rôle est essentiel dans l'éducation de leurs enfants, sont aujourd'hui confrontés à de nombreuses difficultés qu'ils ne maîtrisent pas. Les influences extérieures se multiplient, qu'elles soient réelles ou virtuelles, et compliquent leur tâche. La question posée est : les parents d'aujourd'hui sont-ils trop tolérants ? Nous allons tenter d'y répondre.

Réponse : 1 ......   2 ......   3 ......

---

**Comptez vos points**

→ **Vous avez plus de 25 points : BRAVO !** C'est très bien. Vous pouvez passer au dossier suivant.

→ **Vous avez plus de 20 points :** C'est bien, mais regardez vos erreurs, cherchez les réponses possibles dans les outils proposés et refaites le test. Ensuite, passez au dossier suivant.

→ **Vous avez moins de 20 points :** Vous n'avez pas bien mémorisé les outils de ce dossier, reprenez-le complètement, avec les corrigés, puis recommencez l'autoévaluation. Bon courage !

# Dossier 2

## ÉTUDES, EMPLOI

**OUTILS GRAMMATICAUX :** Les indéfinis pour exprimer une quantité, pour parler d'une chose, d'une idée ou d'une personne indéterminée.

**OUTILS COMMUNICATIFS :** Exprimer ses certitudes et ses doutes. Mettre en doute une affirmation.

**MÉTHODOLOGIE :** Introduire une explication, une explicitation. Structurer son discours.

## 1. Analysez un document.
- Qu'est-ce que cette photo évoque pour vous ?
- Imaginez dans quel contexte elle a été prise.
- Présentez votre interprétation aux autres apprenants.
- Écoutez celle des autres apprenants. Posez-leur des questions complémentaires.

## 2. Posez une problématique.
- Seul/e ou par groupes de deux à quatre apprenants, imaginez une problématique en relation avec la photo proposée.
- Comparez votre problématique avec celle des autres groupes.
- En groupe, choisissez celle qui vous paraît la plus intéressante.

## 3. Argumentez.
- Seul/e ou en groupes, cherchez des arguments pour répondre à la problématique choisie.

- Présentez vos arguments aux autres groupes.
- Écoutez leurs arguments et discutez pour défendre vos positions.

## EXTRAITS DE DIALOGUES
/////////////////////////////////////////////////////////////////////////////// Piste 4

### 1. Imaginez les situations.
- Écoutez ces extraits de dialogues.
- Imaginez la situation et l'identité des locuteurs.
- Par deux, discutez pour vous mettre d'accord.

### 2. Par deux, complétez les dialogues et jouez les scènes.
- Avec votre partenaire, imaginez un début et une suite à chacun de ces dialogues.
- Jouez les scènes.
- Discutez avec le groupe des différentes interprétations faites à partir du même document.

### 3. Repérez les structures.
- Réécoutez les extraits de dialogue.
- Notez les indéfinis utilisés et expliquez leur utilisation.

1. ................................................................................................
................................................................................................
................................................................................................
................................................................................................
................................................................................................

2. ................................................................................................
................................................................................................
................................................................................................
................................................................................................
................................................................................................

3. ................................................................................................
................................................................................................
................................................................................................
................................................................................................
................................................................................................

4. ................................................................................................
................................................................................................
................................................................................................
................................................................................................

### 4. Par deux, proposez une problématique en relation avec chacun des documents sonores écoutés.
- Comparez votre problématique avec celles des autres groupes.
- Discutez pour choisir les meilleures.

# OUTILS GRAMMATICAUX – LES INDÉFINIS

## Pour exprimer une quantité

• **Utilisés avec un nom**

• **aucun/aucune – nul/nulle – pas un/pas une**
*Aucun client n'est venu. – Elle n'a nulle envie de sortir. Il n'y a pas un chat dehors.*

• **plus d'un/plus d'une – quelques – plusieurs**
*Il y a plus d'une réponse à cette question. Il y a plusieurs possibilités, quelques variantes.*

• **certains/certaines** (exprime une singularité)
*Il y a certaines personnes ici que nous connaissons.*

• **la plupart de = la majorité de**
*La majorité de mes amis a un bon travail. La plupart d'entre eux sont étrangers.*

• **chaque – tous/toutes – tout/toute**
*Il vient ici chaque jour/tous les jours. Il travaille tout le temps, toute la journée.*

• **Utilisés comme pronoms**

• **aucun/aucune ne = pas un/pas une ne** – *J'ai trois montres, pas une ne marche.*
• **nul ne = personne ne** – *Nul n'est parfait. Personne ne l'aime. Il n'aide personne.*
• **rien ne** – *Rien ne l'intéresse, il n'aime rien.*
• **plus d'un/plus d'une – quelques-uns/une – plusieurs – certains/certaines**
*Il a beaucoup d'amis, quelques-uns sont étrangers, certains parlent français.*

• **les uns/les unes ... les autres – d'autres**
*Il aime les livres. Les uns parce qu'ils sont émouvants, les autres parce qu'ils sont exaltants, d'autres encore parce qu'ils sont instructifs.*

• **la plupart**
*Il a visité de nombreux pays. La plupart l'ont intéressé.*

• **chacun/chacune – tous/toutes**
*Chacun doit prendre ses responsabilités. Tous doivent pouvoir décider de leur avenir.*

• **tout** (neutre) – *Tout l'intéresse. Il connaît tout.*

## Pour parler d'une chose, d'une idée ou d'une personne indéterminée

• **Utilisés avec un nom**

• **n'importe quel/quelle/quels/quelles**
*Il doit accepter n'importe quel travail dans n'importe quelle entreprise.*

• **je ne sais quel/quelle/quels/quelles**
*Elle a encore trouvé je ne sais quelle bonne raison pour quitter son poste.*

• **quel/quelle que soit – quels/quelles que soient**
*Quelle que soit l'heure et quel que soit le temps, il faut partir.*

• **quelconque**
*Si vous avez un quelconque reproche à lui faire, dites-le.*

• **Utilisés comme pronoms**

• **n'importe lequel/laquelle/lesquels/lesquelles**
*Il connaît tous les dossiers, il peut travailler sur n'importe lequel.*

• **n'importe qui – n'importe quoi**
*Elle sort avec n'importe qui, elle fait n'importe quoi, j'ai peur pour elle.*

• **je ne sais qui – je ne sais quoi**
*Il veut absolument me présenter je ne sais qui, avec qui il veut faire je ne sais quoi.*

• **quoi que ce soit – qui que ce soit**
*Si tu as besoin de quoi que ce soit, dis-le moi. – Ne laisse entrer personne, qui que ce soit.*

• **quoi que – qui que**
*Quoi qu'il fasse, je lui fais confiance. – Qui qu'il soit, je l'accueillerai avec plaisir.*

• **quiconque**
*Quiconque arrivera en retard à l'examen sera exclu.*

## 4. À tour de rôle.

- Proposez chacun à votre tour une phrase utilisant un indéfini pour commenter les documents ci-dessous.
- N'hésitez pas à imaginer d'autres données. Si vous n'avez plus d'idée, vous êtes éliminé et le jeu continue.

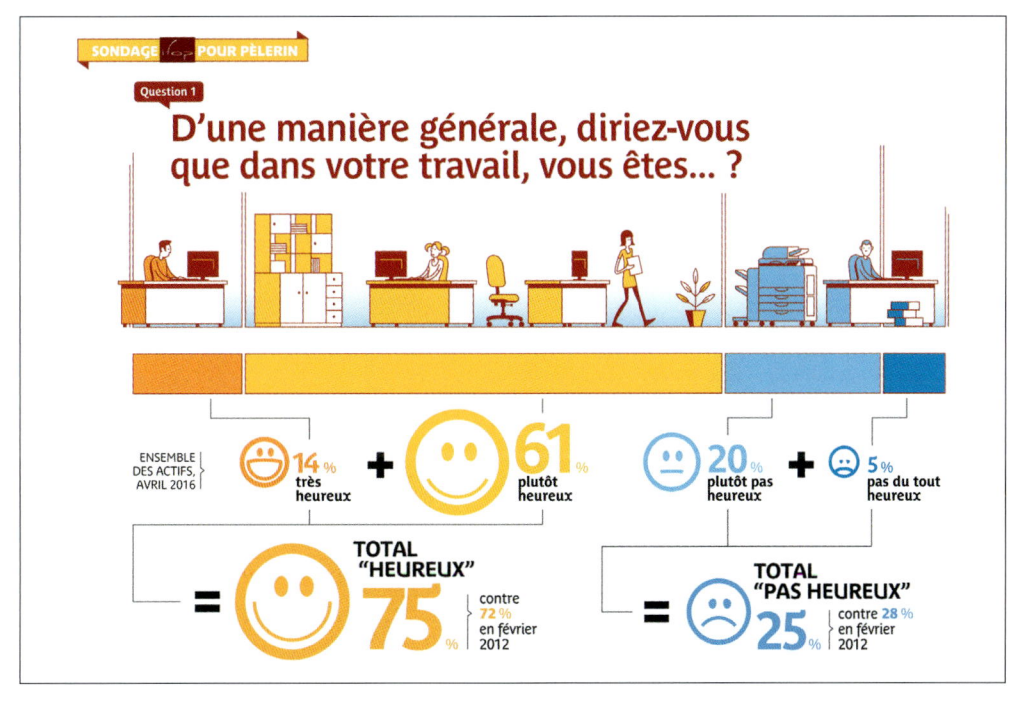

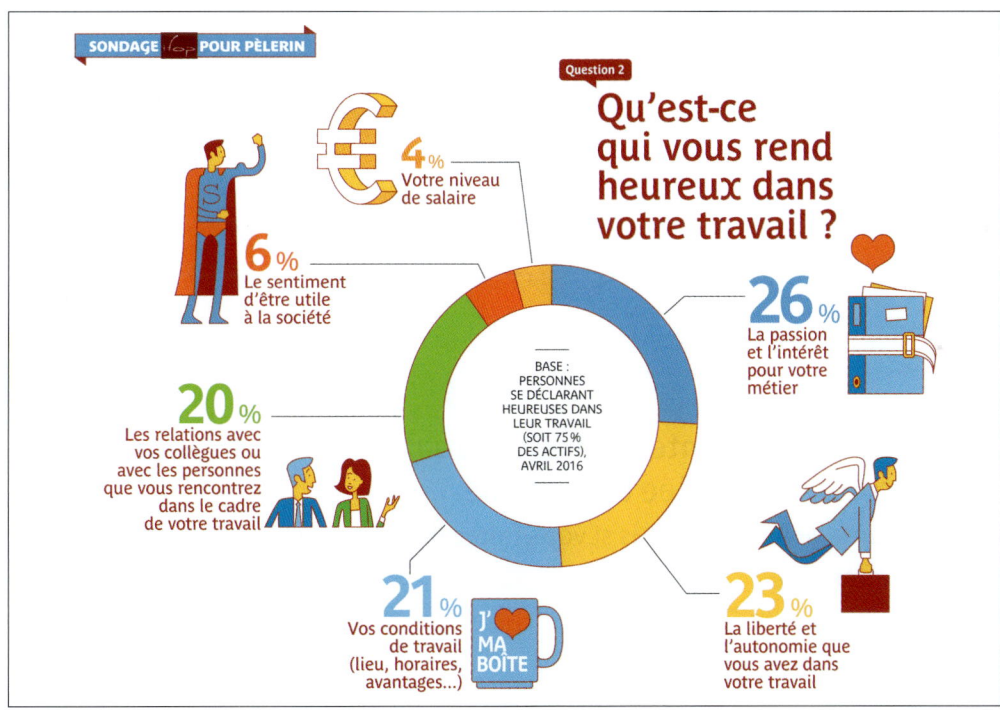

**SONDAGE Ifop POUR PÈLERIN**

**Question 1**

### D'une manière générale, diriez-vous que dans votre travail, vous êtes… ?

ENSEMBLE DES ACTIFS, AVRIL 2016

- 14 % très heureux
- 61 % plutôt heureux
- 20 % plutôt pas heureux
- 5 % pas du tout heureux

TOTAL "HEUREUX" = 75 % (contre 72 % en février 2012)

TOTAL "PAS HEUREUX" = 25 % (contre 28 % en février 2012)

**SONDAGE Ifop POUR PÈLERIN**

**Question 2**

### Qu'est-ce qui vous rend heureux dans votre travail ?

- 4 % Votre niveau de salaire
- 6 % Le sentiment d'être utile à la société
- 20 % Les relations avec vos collègues ou avec les personnes que vous rencontrez dans le cadre de votre travail
- 21 % Vos conditions de travail (lieu, horaires, avantages…)
- 23 % La liberté et l'autonomie que vous avez dans votre travail
- 26 % La passion et l'intérêt pour votre métier

BASE : PERSONNES SE DÉCLARANT HEUREUSES DANS LEUR TRAVAIL (SOIT 75 % DES ACTIFS), AVRIL 2016

© Bayard Presse – Pèlerin n° 6961 – Infographies : ASK media

## 5. Cherchez des arguments et discutez.

<u>La problématique</u>

*Le travail est-il un moyen d'épanouissement personnel ?*

- Répondez à la question posée et choisissez un partenaire qui est de votre avis.
- Par deux, cherchez des arguments et des exemples pour défendre votre position.
- En groupe, présentez vos arguments, vos exemples et discutez avec les autres apprenants pour défendre votre position.

## DOCUMENT SONORE

////////////////////////////////////////////////////////////////////// **PISTE 5**

**1.** Écoutez le document.
• Prenez des notes.

..................................................................................................................................
..................................................................................................................................
..................................................................................................................................
..................................................................................................................................
..................................................................................................................................
..................................................................................................................................
..................................................................................................................................
..................................................................................................................................
..................................................................................................................................
..................................................................................................................................
..................................................................................................................................

**2.** Discutez avec les autres apprenants pour contrôler ou compléter vos informations.

**3.** Réécoutez le document. Relevez les expressions qui expriment le doute et celles qui expriment la certitude.

..................................................................................................................................
..................................................................................................................................
..................................................................................................................................
..................................................................................................................................
..................................................................................................................................
..................................................................................................................................

**4.** Pour chacune des phrases suivantes extraites du document, proposez une problématique qui contienne l'idée essentielle.

**1.** « Vous aurez peut-être davantage de débouchés si vous faites des études scientifiques que si vous faites des études de psychologie par exemple. »

..................................................................................................................................

**2.** « Je ne vais pas faire n'importe quoi parce que c'est soit disant plus facile de trouver un emploi. »

..................................................................................................................................

**3.** « Si vous avez des doutes sur vos capacités à faire de longues études, commencez par une filière courte … »

..................................................................................................................................

**5.** Donnez votre avis et discutez.
• En groupe, choisissez la problématique qui vous intéresse le plus.

- Donnez votre avis et discutez avec les autres apprenants.
- Pensez à utiliser les outils pour exprimer vos doutes, vos certitudes et pour mettre en doute la parole des autres apprenants.
- Essayez de convaincre ceux qui ne sont pas d'accord avec vous.

# OUTILS COMMUNICATIFS

## Exprimer ses certitudes
- **Je suis sûr(e)/certain(e)/sûr(e) et certain(e)/absolument sûr(e)/convaincu(e)/intimement convaincu(e)/persuadé(e)** *que ce projet aboutira.*
- **J'ai la conviction que** *cette idée triomphera.* **J'y crois dur comme fer.**
- **Je vous assure/je vous garantis** *qu'il réussira,* **j'en mettrais ma main au feu.**
- *Il sera chef de service un jour,* **ça ne fait pas l'ombre d'un doute.**
- **Il est évident/sûr/certain/clair/indiscutable/incontestable/indéniable que** *c'est le meilleur projet.*
- **Il va de soi que/Il ne fait aucun doute que** *nous devons nous adapter aux changements.*
- **Nul doute qu'**elle fera son chemin dans la vie. **Il ne fait aucun doute que ...**
- *Ce projet* **ne manquera pas d'**entraîner de nombreux changements.

## Exprimer ses doutes
Avec le subjonctif
- **Je ne pense pas/je ne crois pas que** *qu'il dise la vérité.*
- **Je doute/je ne suis pas sûr(e)/je ne suis pas certain(e)/je ne suis pas convaincu(e)** *qu'il vienne à notre rendez-vous.*
- **Il se peut que/il se pourrait que/il est possible que/il est peu probable que** *vous ayez une réponse aujourd'hui.* – **Il semble que** *la situation soit instable en ce moment.*

Avec le conditionnel
*J'ai eu des nouvelles de Théo. Il* **aurait réussi** *son examen et il* **travaillerait** *à la banque.*

Avec le lexique
- *À mon avis, elle* **peut/doit** *avoir 20 ou 25 ans.*
- *Il viendra* **peut-être. Peut-être qu'**il viendra. **Peut-être** *viendra-t-il.* (inversion du sujet)
- **Je me demande** *s'il viendra.*
- *La direction* **a des doutes sur** *ses capacités.* – *Le directeur* **a mis en doute** *ses compétences.*
- *L'accusé* **est présumé** *coupable.*
- *Elle va obtenir une promotion ?* **Rien n'est moins sûr !**
- *J'entends beaucoup de choses contradictoires,* **je ne sais plus quoi penser.** – **Je ne sais plus sur quel pied danser.**
- **Je suis sceptique/perplexe.**

## Mettre en doute une affirmation
- *Il* **prétend** *être un génie.* – *Il* **prétend que** *son fils est surdoué. Il* **se dit/se prétend** *ingénieur.*
- *Il n'est pas venu à la réunion* **sous prétexte qu'**il avait trop de travail. – *Il est parti plus tôt* **sous prétexte de** *devoir s'occuper de ses enfants.*
- *Il* **a prétexté** *un malaise pour pouvoir s'absenter.*
- *Martin n'est pas là. Il a* **soi-disant** *rendez-vous avec le directeur.*
- Utilisation du conditionnel. *D'après lui, ce projet* **serait** *un échec.*
- Utilisation de la question. *Le travail est-il réellement nécessaire à notre équilibre ?*

# BD

Bretécher © DARGAUD, 2017

## 1. Par deux, discutez et mettez-vous d'accord.
1. Où se passe cette scène ?
2. Qui sont les personnages présentés dans la BD ?
3. Pourquoi Agrippine a-t-elle eu 0,5 sur 20 à son devoir ?
4. Expliquez la situation.

..................................................................................................................................
..................................................................................................................................
..................................................................................................................................
..................................................................................................................................
..................................................................................................................................
..................................................................................................................................

• Comparez vos réponses à celles des autres groupes.

## 2. Exprimez votre opinion.
• En groupe, donnez votre avis et discutez avec les autres apprenants.
1. Est-ce fréquent dans votre pays que les élèves ou les étudiants trichent ?
2. Considérez-vous que tricher dans un examen est une faute grave ? Pourquoi ?
3. Pensez-vous que tricher peut être utile ?
4. Quelle sanction donneriez-vous à un étudiant qui aurait triché à un examen ?

## 3. Discutez.
• Classez ces fautes par ordre d'importance, de la moins grave à la plus grave.
• Comparez votre classement à celui des autres apprenants.
• Justifiez vos choix. Exprimez vos certitudes et vos doutes. Mettez en doute la parole des autres.
• Discutez avec les autres apprenants pour défendre vos positions.
	1. Tricher lors d'un examen.
	2. Prétendre être malade le jour d'un examen.
	3. Faire faire ses devoirs par une autre personne.
	4. Prétendre, dans un CV, que l'on a des diplômes que l'on n'a pas.
	5. Dissimuler ses résultats lorsqu'ils sont mauvais.
	6. Faire l'école buissonnière.

## 4. Cherchez des arguments et discutez.
La problématique

*Est-il indispensable d'étudier dans un pays étranger ?*

• Répondez à la question posée et choisissez un partenaire qui est de votre avis.
• Par deux, cherchez des arguments et des exemples pour défendre votre position.
• En groupe, présentez vos arguments, vos exemples et discutez avec les autres apprenants pour défendre votre position.

## DOCUMENT SONORE

**Piste 6**

« Le revenu universel »

**1.** Écoutez le document et prenez des notes.

**2.** Discutez avec les autres apprenants pour contrôler ou compléter vos informations.

**3.** Exercices lexicaux.

• Par deux, reformulez les phrases, les expressions, ou les mots suivants extraits du document.

**1.** une croissance mondiale très modeste
.................................................................................................................................

**2.** allocation universelle, revenu d'existence, revenu citoyen
.................................................................................................................................

**3.** sans contrepartie
.................................................................................................................................

**4.** (le Revenu Universel) ne fait pas encore l'unanimité
.................................................................................................................................

**5.** l'idée fait son chemin
.................................................................................................................................

**6.** chaque individu toucherait la même somme
.................................................................................................................................

**7.** certains craignent que cette mesure n'encourage l'oisiveté
.................................................................................................................................

**8.** un pays d'assistés
.................................................................................................................................

**9.** nous n'en sommes pas là
.................................................................................................................................

**10.** s'investir dans une profession
.................................................................................................................................

**11.** nous pousser vers la précarité
.................................................................................................................................

**12.** moins risqué
.................................................................................................................................

**13.** se lancer dans une reconversion professionnelle
.................................................................................................................................

**14.** une ONG
.................................................................................................................................

**4.** Cherchez des arguments et discutez.

<u>La problématique</u>

*Le revenu universel est-il une solution d'avenir ?*

• Répondez à la question posée et choisissez un partenaire qui est de votre avis.

- Par deux, cherchez trois arguments pour défendre votre position.

..................................................................................................................
..................................................................................................................
..................................................................................................................

- Pour chaque argument, cherchez un exemple qui puisse l'illustrer.

..................................................................................................................
..................................................................................................................
..................................................................................................................

- Présentez vos arguments et vos exemples aux autres apprenants.
- Discutez pour défendre votre position.

# MÉTHODOLOGIE

## Introduire une explicitation, une explication
- **Cela (ça) veut dire que .../Cela qui signifie que .../C'est-à-dire que .../Autrement dit ...**
*Faire un travail de titan, cela veut dire que la tâche à accomplir est énorme.*
- **C'est/Il s'agit de** (+ nom) ou (+ verbe à l'infinitif) – *Un travail de titan, il s'agit d'un travail colossal que seule une personne ayant des capacités exceptionnelles, comme les géants de la mythologie grecque, peut accomplir.*

## Structurer son discours
- Pour présenter deux idées : **D'une part ... d'autre part – d'un côté ... de l'autre.**
*D'une part il faut acquérir des connaissances, d'autre part nous devons apprendre à réfléchir.*

- Proposer une alternative : **Soit ... soit .../ou ... ou (bien) ...**
*Tous veulent travailler, soit pour s'épanouir, soit pour être autonomes.*

- Pour ajouter une idée : **Par ailleurs – de plus – en outre.**
*La plupart des jeunes vont à l'université, par ailleurs ils étudient souvent à l'étranger.*

- Pour s'appuyer sur l'idée précédente et la compléter : **D'ailleurs – du reste – la preuve.**
*Les salariés sont très satisfaits de leurs conditions de travail ; d'ailleurs ils ne s'en plaignent jamais.*

- Pour souligner que deux idées se complètent : **Non seulement ... mais aussi/mais encore ...**
*Non seulement les femmes travaillent mais elles font aussi la plupart des tâches domestiques.*
**Tant ... que/aussi bien ... que**
*Les employés font grève, tant pour obtenir plus de congés que pour réclamer une augmentation.*

- Pour illustrer un propos : **Par exemple – entre autres – notamment.**
*La plupart des jeunes font des études supérieures. Ma fille, entre autres, fait un mastère.*
**Ainsi** (avec inversion du sujet) : *La plupart des jeunes font des études supérieures, ainsi ma fille fait-elle un mastère.*

- Pour exclure : **Sauf – excepté – hormis – mis à part.**
*Faire de longues études est toujours utile, hormis pour ceux qui ont une vocation claire.*

- Pour couper court au débat et conclure : **De toute façon (manière)/quoi qu'il en soit ...**
*Il est clair que nous ne sommes pas d'accord. Quoi qu'il en soit, il faut prendre une décision.*

- Pour conclure après avoir pris en compte toutes les données : **Tout compte fait – Somme toute – En somme – Bref – Dans le fond – En fin de compte – En définitive.**
*Je vous ai bien écouté. En fin de compte, je ne vois pas beaucoup de divergences entre nous.*

# ENTRAÎNEZ-VOUS POUR LE DALF C1 – 1er sujet

## 1. Lisez le 1er document.

### Pour les jeunes diplômés, la tentation des métiers manuels

Des milliers de jeunes diplômés de niveau bac+5 déçus par le marché du travail choisissent chaque année de se réorienter vers des métiers manuels.

**Il se souviendra longtemps du jour où il a annoncé à sa famille qu'il commençait, à la rentrée, un certificat d'aptitude professionnelle (CAP) de boucherie. D'abord, le silence gêné de ses grands-parents. « Puis ils m'ont dit que j'avais gâché mon diplôme, que c'était comme si un futur patron se destinait à être éboueur. » Augustin, 26 ans, est diplômé de Grenoble école de management (GEM) ; un avenir tout tracé l'attendait dans le monde de l'entreprise.**

Son parcours, comme celui de nombreux jeunes qui ont répondu à l'appel à témoignages lancé par Le Monde.fr sur les diplômés du supérieur qui se sont réorientés vers les métiers manuels, a commencé par une désillusion : la rencontre avec le monde du travail.

« J'étais en alternance dans un groupe industriel. Je faisais des études de marché. Tout était lent et la hiérarchie très pesante. Il y avait beaucoup de jeux de pouvoir qui me dépassaient. Je ne me sentais pas à ma place », se souvient-il.

Augustin cherche à partir et trouve un poste dans une association, où, pense-t-il, son rôle aura plus de sens. Nouvelle déconvenue. « Je suis tombé dans une petite structure de réinsertion par le sport de jeunes en difficulté. Le patron était tyrannique et m'a pris pour cible. » Après un temps de réflexion, il démissionne, angoisse pour son avenir, et se découvre une nouvelle vocation : boucher.

#### « Le dénominateur commun est la déception »

Ces réorientations précoces de jeunes diplômés constituent « un phénomène non négligeable », écrit l'Association pour l'emploi des cadres (APEC) dans une enquête publiée en 2015 ; 14 % des jeunes diplômés de niveau bac+5 ou plus (environ 4 700 ont répondu au questionnaire) déclarent avoir vécu un changement significatif d'orientation professionnelle dans les deux années suivant l'obtention de leur diplôme.

« Quel que soit le type de parcours, le dénominateur commun est la déception », dit Pierre Lamblin, qui dirige le département études de l'APEC, et qui a voulu enquêter sur ce sujet. (…)

#### L'école de commerce « pour faire plaisir à sa mère »

Ce désenchantement face au monde du travail, largement analysé par les sociologues, est aussi intrinsèquement lié aux difficultés d'orientation, orientation dans laquelle les parents jouent un rôle déterminant. Augustin, l'apprenti boucher, se rappelle qu'à l'adolescence il voulait faire un CAP pâtisserie. Se heurtant à une fin de non-recevoir de ses parents – le fameux « passe ton bac d'abord » –, il ira jusqu'à l'école de commerce. Ses parents ont obtenu « leur » diplôme. Et un emprunt de 40 000 euros à rembourser. (…)

Outre la pression parentale, l'école continue d'entretenir l'opposition entre métiers manuels et métiers intellectuels à travers l'orientation des élèves. Les bons sont toujours systématiquement poussés dans la voie générale.

« Il y a encore un état d'esprit très français qui oppose le travail intellectuel et le travail manuel, alors que les deux se conjuguent sans cesse dans le travail des artisans », regrette François Moutot, directeur de l'Assemblée permanente des chambres de métiers et de l'artisanat (APCMA).

Dominique Steiler, enseignant chercheur à Grenoble école de management et spécialiste du bien-être au travail, estime que « l'éducation est centrée sur l'employabilité des enfants et des étudiants. Dès la maternelle, on leur demande ce qu'ils veulent faire plus tard. On prépare des petits compétiteurs pour le marché de l'emploi. » (…)

Ceux qui sont allés jusqu'au bout de la logique de réorientation « se déclarent satisfaits de leurs choix et heureux de ce changement, souligne l'APEC. Les obstacles et difficultés qu'ils ont surmontés sont finalement l'objet d'une certaine fierté. »

Une conclusion qui montre qu'une partie de la jeune génération est prête à se retrousser les manches et à utiliser ses mains parce qu'elle n'a plus envie de s'épuiser, de s'ennuyer ou de faire un travail inutile. (…)

Marine Miller – 17/10/2016 – LE MONDE

## 2. Exercices lexicaux.

• Par deux, reformulez les phrases, les expressions, ou les mots suivants.

1. j'avais gâché mon diplôme

..................................................................

2. ... se destinait à être éboueur

..................................................................

3. un avenir tout tracé

..................................................................

4. J'étais en alternance

..................................................................

5. Nouvelle déconvenue

..................................................................

6. le patron (...) m'a pris pour cible

..................................................................

7. le dénominateur commun

..................................................................

8. Ce désenchantement

..................................................................

9. intrinsèquement lié aux difficultés d'orientation

..................................................................

10. Se heurtant à une fin de non-recevoir de ses parents

..................................................................

11. Outre la pression parentale

..................................................................

12. la voie générale

..................................................................

13. se retrousser les manches

..................................................................

## 3. Lisez le second document.

### Les « intellos manuels », une reconversion difficile

Éducatrice devenue costumière. Électronicien métamorphosé en prestidigitateur. Professeur de guitare reconverti dans la restauration de meubles ... Maître de conférences en sociologie à l'université Lumière Lyon 2, Sophie Denave a étudié les logiques sociales des réorientations professionnelles. Et notamment les parcours de quelques « cols bleu ciel » : ces « intellos défroqués », devenus travailleurs manuels. Pour *La Vie*, elle décrypte les mécanismes de ces réorientations et montre qu'on ne change pas forcément de vie en changeant de métier.

**Régulièrement, les médias mettent en avant les trajectoires de salariés qui ont sauté le pas de la reconversion. Pourquoi ce phénomène social nous fascine-t-il autant ?** Ces parcours sont mis à l'honneur dans la presse, surtout depuis les années 1990. En période de crise, de plus en plus insatisfaits de leurs métiers, les salariés ont peut-être davantage envie d'en changer. C'est comme un rêve que l'on entretient. Mais il y a un fossé entre ce souhait de réorientation professionnelle et la réalité d'une reconversion. Si l'on écoute le discours médiatique, souvent illustré par des trajectoires incongrues, chacun pourrait choisir sa voie. Il y a cette idée que tout serait une question de volonté, de prise de risques, de courage personnel, qu'il faut être mobile et savoir s'adapter ...

Or il y a de profondes disparités, et de nombreuses reconversions non choisies. (...)

**Que vous inspirent les parcours de ces « intellos » qui, par passion, quittent le tertiaire pour se reconvertir dans l'artisanat et des métiers manuels ? Sont-ils des précurseurs ?**

Il faut rester prudent. Si l'on peut estimer à environ 11 % le nombre d'individus concernés par des ruptures professionnelles lors de leur carrière, il s'agit généralement de « glissements » entre des métiers relativement proches. Les bifurcations radicales, dans des métiers « plaisirs », sont très rares. Les métiers de l'artisanat sont très règlementés et exigent des formations spécifiques. (...)

**Quel sens donner à ces réorientations ?**

Un changement de métier ne signifie pas un changement de vie, loin de là. Pour certains, il y a vraiment l'idée de quitter des métiers qui ne font pas sens, trop abstraits, comme la pub ou le marketing, où le salarié a l'impression de ne pas avoir de prise sur le réel. (...)

J'ai également rencontré, lors de mon enquête, des femmes et des hommes, éducateurs et éducatrices par exemple, dont le souhait était de passer d'un travail sur la personne, extrêmement usant, à un travail sur la matière. Ils avaient vraiment aimé ce métier mais, au bout d'une dizaine ou d'une quinzaine d'années, ils étaient usés.

« Les «intellos manuels», une reconversion difficile »,
Pascal Paillardet, paru dans La Vie le 17/03/2015

## 4. Exercices lexicaux.

• Par deux, reformulez les phrases, les expressions, ou les mots suivants.

**1.** ces « intellos défroqués
................................................................
**2.** elle décrypte les mécanismes de ces réorientations
................................................................
**3.** les trajectoires de salariés qui ont sauté le pas de la reconversion
................................................................
**4.** Ces parcours sont mis à l'honneur
................................................................
**5.** il y a un fossé entre ce souhait de réorientation professionnelle et la réalité d'une reconversion
................................................................
**6.** des trajectoires incongrues
................................................................
**7.** il y a de profondes disparités
................................................................
**8.** Les bifurcations radicales
................................................................
**9.** des métiers qui ne font pas sens
................................................................
**10.** le salarié a l'impression de ne pas avoir de prise sur le réel
................................................................

## 5. Par deux, préparez l'exposé oral.

• Répondez à la question posée et choisissez un partenaire qui est de votre avis.

- Relevez dans les textes proposés les idées principales et les exemples qui vous seront utiles pour préparer un exposé sur le thème :

*Les études supérieures sont-elles une garantie d'épanouissement professionnel ?*

...........................................................................................................................................................................
...........................................................................................................................................................................
...........................................................................................................................................................................
...........................................................................................................................................................................
...........................................................................................................................................................................
...........................................................................................................................................................................

- Proposez des idées complémentaires ou contradictoires sur le même sujet. Cherchez des exemples pour illustrer vos idées.

...........................................................................................................................................................................
...........................................................................................................................................................................
...........................................................................................................................................................................
...........................................................................................................................................................................
...........................................................................................................................................................................
...........................................................................................................................................................................

- Sélectionnez les trois ou quatre idées principales que vous souhaitez retenir pour l'exposé. Organisez-les selon un ordre logique. Ajoutez des idées secondaires.

...........................................................................................................................................................................
...........................................................................................................................................................................
...........................................................................................................................................................................
...........................................................................................................................................................................
...........................................................................................................................................................................

- Reformulez la problématique pour préparer l'introduction.

...........................................................................................................................................................................
...........................................................................................................................................................................

Formulez clairement votre réponse à la question posée pour la conclusion.

...........................................................................................................................................................................
...........................................................................................................................................................................

## 6. Introduisez le sujet et discutez.
- Un binôme introduit le sujet et présente brièvement ses arguments.
- Posez-leur des questions pour qu'ils précisent leurs idées, ou qu'ils les illustrent par des exemples.
- Présentez vos arguments et vos exemples s'ils sont différents.
- Discutez pour défendre votre position.

# ENTRAÎNEZ-VOUS POUR LE DALF C1 – 2ᵉ sujet

## 1. Lisez le 1ᵉʳ document.

### Tout juste inventés ou réinventés, les métiers de demain demanderont surtout des compétences nouvelles.

Digitalisation, sécurité ou encore transition énergétique bousculent nos habitudes au travail, <u>toutes branches confondues</u>. Bonne nouvelle : ces transformations contribuent à créer des emplois. Selon France Stratégie, <u>800 000 postes sont à pourvoir</u> chaque année en France. S'ils sont pour la plupart liés aux départs à la retraite, près de 170 000 sont des créations nettes, précise l'agence gouvernementale dans une étude analysant la période 2012-2022. <u>De forts appels d'air sont ainsi à prévoir</u> dans le numérique et la santé. Parmi ces métiers d'avenir, on trouve des professions classiques et d'autres plus récentes, d'infirmier ou aide à domicile à développeur. « Ce sont principalement des métiers qui existent déjà, remarque Sandrine Aboubadra-Pauly, experte à France Stratégie. Plus que <u>l'émergence de nouvelles professions</u>, on observe une transformation des compétences. » Ce que confirme Misoo Yoon, directrice générale adjointe de Pôle emploi. « Désormais, nous réfléchissons davantage en termes de compétences que de métiers ».

**Le big data, nouvel or noir**

L'informatique, dont <u>le taux de recrutement</u> est trois fois plus élevé que dans les autres secteurs selon Pôle emploi, est le domaine qui invente le plus de professions, comme l'analyste de données. <u>Métier phare</u> du marketing, ce statisticien utilise les informations entrantes <u>à des fins commerciales</u> pour un assureur, une banque ou encore un site marchand. On assiste également à <u>un « verdissement » des métiers</u> avec la transition énergétique. « La prise en compte du recyclage des produits et des économies d'énergies nécessite le développement de compétences vertes », note Sandrine Aboubadra-Pauly. Exemple dans le *BTP, avec l'indispensable « BIM-manager » (BIM, pour modélisation des informations du bâtiment en anglais). Car dès qu'<u>un chantier</u> nécessite la création d'une maquette numérique, ce chef de projet montre son nez. Autant dire, très souvent… À l'aide de logiciels 3D, il pilote l'ensemble des métiers, de l'architecte au maçon, en prenant en compte les contraintes environnementales. <u>Preuve qu'il y a aussi du positif</u> dans le digital, <u>perçu parfois comme une menace</u> pour les emplois manuels. Mais intégrer ces nouveaux outils nécessite d'apprendre. Et la France est mobilisée : sur septembre et octobre, le nombre d'entrées en formation chez Pôle emploi a doublé par rapport à la même période en 2015.

Cyril Peter – 24/10/2016 – leparisien.fr

*BTP : bâtiment et travaux publics

## 2. Exercices lexicaux.

• Par deux, reformulez les phrases, les expressions, ou les mots suivants.

**1.** toutes branches confondues

..................................................................................

**2.** 800 000 postes sont à pourvoir

..................................................................................

**3.** De forts appels d'air sont ainsi à prévoir

..................................................................................

**4.** l'émergence de nouvelles professions

..................................................................................

**5.** le taux de recrutement

..................................................................................

DOSSIER 2 /// Études, emploi /// 40

**6.** Métier phare
..................................................................................................................................................

**7.** à des fins (commerciales)
..................................................................................................................................................

**8.** un « verdissement » des métiers avec la transition énergétique
..................................................................................................................................................

**9.** un chantier
..................................................................................................................................................

**10.** Preuve qu'il y a aussi du positif
..................................................................................................................................................

**11.** perçu parfois comme une menace
..................................................................................................................................................

## 3. Lisez le second document.

### Robots et nouvelles technologies feront perdre 5 millions d'emplois d'ici à 2020

C'est le grand défi des cinq prochaines années en matière d'emploi selon le Forum économique mondial de Davos. Les jeunes n'en sont pas moins optimistes vis-à-vis de la technologie, sauf en France.

Alors que le Forum économique mondial de Davos s'ouvre (…), son centre de recherche a mené une enquête auprès des 15 premières économies mondiales, dont la France, ces pays couvrant au total environ 65 % de la main d'œuvre mondiale. L'enquête, intitulée The Future of Jobs, fait apparaître que la robotisation croissante, mais plus globalement l'intelligence artificielle et l'automatisation, auront un impact très négatif sur les marchés du travail. « Le nombre d'emplois perdus à travers l'automatisation ou la désintermédiation pourrait atteindre 7,1 millions, surtout chez les cols blancs (travail de bureau) et les tâches administratives », estime l'étude. « Ces pertes seront partiellement compensées par la création de 2,1 millions d'emplois nouveaux, principalement dans les domaines spécialisés, tels l'informatique, les mathématiques et l'ingénierie ». Au total c'est donc la disparition nette de 5 millions de postes de travail liée à ce que le Forum de Davos appelle « la quatrième révolution industrielle ». Celle-ci, (…) englobe l'émergence des nouvelles technologies, comme les objets connectés, les nanotechnologies ou l'imprimerie en trois dimensions.
Les auteurs de l'étude considèrent que leurs prévisions sont « relativement prudentes et ne laissent place à aucune complaisance ». Ces changements « disruptifs », pour employer ce mot très à la mode parmi les organisateurs du Forum de Davos, toucheront l'ensemble des activités économiques mais de façon très inégale. Les secteurs les plus touchés devraient être « par exemple le secteur de la santé qui est susceptible de subir les pertes d'emplois les plus sévères dans les cinq prochaines années, suivi de l'énergie et des services financiers et d'investissement ».

**La main d'œuvre féminine sera relativement plus pénalisée.**

Ces évolutions d'ores et déjà à l'œuvre et qui devraient s'accentuer à très court terme pénaliseront plus les femmes. Certes, sur les 7,1 millions d'emplois perdus d'ici à cinq ans 52 % seront des emplois occupés par des hommes et 48 % par des femmes. Mais compte tenu de la participation beaucoup plus importante des hommes au marché du travail, la main d'œuvre féminine sera relativement plus pénalisée, d'autant qu'elles bénéficieront également moins de la montée des secteurs dynamiques qui demandent des qualifications scientifiques pour lesquelles elles sont moins équipées.

« Sans une réponse rapide et ciblée pour gérer la transition à très court terme et construire des forces de travail qualifiées, les gouvernements seront confrontés à un chômage grandissant et à des inégalités croissantes, alors que les entreprises verront leurs marchés de consommation se contracter », avertit Klaus Schwab, le fondateur et organisateur du Forum de Davos. (…)

**Pessimisme emblématique des Français**

Le point commun de la jeune génération est que « la majorité (…) reconnaît le rôle prépondérant des compétences technologiques pour leurs carrières, et relativement plus dans les pays émergents (74 % en Inde et 71 % en Chine) que dans les pays développés (60 % en France et 59 % au Royaume-Uni) ».

En revanche, les jeunes des pays émergents se montrent relativement beaucoup plus confiants. Par exemple, seule une minorité (49 % d'Indiens) pensent que « leurs opportunités d'emplois sont pires que celles des générations précédentes », alors que 76 % des Français partagent cette crainte. (...)

Les jeunes Français arrivent pratiquement toujours en dernier (...), qu'il s'agisse de juger de l'utilité de leurs études scolaires ou de porter un jugement positif sur la mondialisation. (...)

Voilà qui confirme une nouvelle fois le pessimisme emblématique des Français que dénoncent pratiquement toutes les enquêtes internationales. Même s'il n'a jamais été établi de façon claire s'il s'agit d'une réalité objective ou d'un phénomène de perception.

Jean-Pierre Robin – 18/01/2016 – lefigaro.fr

## 4. Exercices lexicaux.

• Par deux, reformulez les phrases, les expressions, ou les mots suivants.

1. C'est un grand défi
...................................................................................

2. (la robotisation) croissante
...................................................................................

3. la désintermédiation
...................................................................................

4. ne laissent place à aucune complaisance
...................................................................................

5. (Ces changements) « disruptifs »
...................................................................................

6. qui est susceptible de subir les pertes d'emplois les plus sévères
...................................................................................

7. Ces évolutions d'ores et déjà à l'œuvre
...................................................................................

8. d'autant qu'elles bénéficieront également moins de la montée des secteurs dynamiques
...................................................................................

9. (une réponse ...) ciblée
...................................................................................

10. (les gouvernements) seront confrontés à un chômage grandissant
...................................................................................

11. les entreprises verront leurs marchés de consommation se contracter
...................................................................................

12. le rôle prépondérant
...................................................................................

13. le pessimisme emblématique (des Français)
...................................................................................

**14.** s'il n'a jamais été établi de façon claire...
..................................................................................................................................

## 5. Par deux, préparez l'exposé oral.
• Répondez à la question posée et choisissez un partenaire qui est de votre avis.
• Relevez dans les textes proposés les idées principales et les exemples qui vous seront utiles pour préparer un exposé sur le thème :

*L'emploi est-il menacé par les technologies modernes ?*

..................................................................................................................................
..................................................................................................................................
..................................................................................................................................
..................................................................................................................................
..................................................................................................................................
..................................................................................................................................

• Proposez des idées complémentaires ou contradictoires sur le même sujet. Cherchez des exemples pour illustrer vos idées.

..................................................................................................................................
..................................................................................................................................
..................................................................................................................................
..................................................................................................................................
..................................................................................................................................
..................................................................................................................................

• Sélectionnez les trois ou quatre idées principales que vous souhaitez retenir pour l'exposé. Organisez-les selon un ordre logique. Ajoutez des idées secondaires. Proposez des exemples.

..................................................................................................................................
..................................................................................................................................
..................................................................................................................................
..................................................................................................................................
..................................................................................................................................

• Reformulez la problématique pour préparer l'introduction.

..................................................................................................................................
..................................................................................................................................

• Formulez clairement votre réponse à la question posée.

..................................................................................................................................
..................................................................................................................................

## 6. Introduisez le sujet et discutez.
• Un binôme introduit le sujet et présente brièvement ses arguments.
• Posez-leur des questions pour qu'ils précisent leurs idées ou qu'ils les illustrent par des exemples.
• Présentez vos arguments et vos exemples s'ils sont différents.
• Discutez pour défendre votre position.

# Bilan

////////////////////////////////////////////////////////////////////////////////////

**Répondez aux questions en utilisant un pronom indéfini différent à chaque fois.**
*(1 point par réponse)*

« Que voulez-vous faire dans la vie ? »

**1.** « ............................................................................................................................. »

« Qu'est-ce qui vous intéresse ? »

**2.** « ............................................................................................................................. »

« Beaucoup de vos amis étudient le français n'est-ce pas ? »

**3.** « Oui, ...................................................................................................................... »

**4.** « Non, ..................................................................................................................... »

« Vos amis font-ils tous les mêmes études que vous ? »

**5. 6.** ........................ oui, ........................ non.

« Quel emploi comptez-vous accepter pour les vacances ? »

**7.** « ............................................................................................................................. »

« Qui doit faire des heures supplémentaires ? »

**8.** « ............................................................................................................................. »

**Répondez aux questions en utilisant dans chacune de vos réponses l'une des expressions proposées à la forme correcte : quel que soit ..., je ne sais quel ..., quoi que ...**
*(1 point par réponse)*

« Pensez-vous que votre directeur vous augmenterait si vous étiez plus travailleur ? »

**9.** « Non, ..................................................................................................................... »

« La secrétaire a-t-elle les compétences nécessaires pour avoir cette promotion ? »

**10.** « ........................................................................................................................... »

« Êtes-vous toujours intéressé par votre travail ? »

**11.** « Oui, .................................................................................................................... »

**Reformulez la phrase suivante sous différentes formes en conservant l'idée de doute.**
*(1 point par réponse)*

« Je ne crois pas qu'il ait donné satisfaction à ses employeurs. »

**12.** « ........................................................................................................................... »

**13.** « ........................................................................................................................... »

**14.** « .................................................................................................................................. »
**15.** « .................................................................................................................................. »
**16.** « .................................................................................................................................. »

### Mettez en doute l'excuse présentée dans cette affirmation.

*(1 point par réponse)*

« Je ne peux pas venir au bureau, ma voiture est en panne. »

**17.** « .................................................................................................................................. »
**18.** « .................................................................................................................................. »
**19.** « .................................................................................................................................. »
**20.** « .................................................................................................................................. »

### Complétez le document suivant sur le thème : « Sur quels critères choisir une orientation professionnelle ? » avec les articulateurs qui permettent de structurer le discours.

*(1 point par réponse correcte. 0,5 par réponse portant un numéro répété deux fois)*

Avoir une vie professionnelle épanouie est absolument essentiel. ............... (21), la plupart des jeunes font de leur mieux pour atteindre leurs objectifs dans ce domaine.

Bien sûr, le choix des études est primordial ............... (22), il faut penser à la durée des études que l'on souhaite entreprendre, ..............., (23) il ne faut pas négliger les débouchés qu'elles peuvent offrir. Devenir président de la république, ............... (24), ne sera pas un objectif aisé ! ............... (25), il est préférable de ne pas avoir une seule idée mais de rester ouvert à plusieurs possibilités, ............... (26) si vous avez réellement une vocation précise. ............... (27), la pratique d'une profession n'est pas toujours ce que l'on imaginait ; ............... (28) parce qu'on l'avait un peu idéalisée, ............... (28) parce qu'on était trop mal informé. Il faut donc ............... (29) étudier, ............... (29) faire des stages en entreprise pour comprendre la réalité quotidienne.

............... (30), le problème est qu'il faut choisir sa vie à un âge où on n'a pas toujours la maturité pour le faire.

---

**Comptez vos points**

→ **VOUS AVEZ PLUS DE 25 POINTS : BRAVO !** C'est très bien. Vous pouvez passer au dossier suivant.

→ **VOUS AVEZ PLUS DE 20 POINTS :** C'est bien, mais regardez vos erreurs, cherchez les réponses possibles dans les outils proposés et refaites le test. Ensuite, passez au dossier suivant.

→ **VOUS AVEZ MOINS DE 20 POINTS :** Vous n'avez pas bien mémorisé les outils de ce dossier, reprenez-le complètement, avec les corrigés, puis recommencez l'autoévaluation. Bon courage !

# Dossier 3

## Dans l'air du temps

**OUTILS GRAMMATICAUX :** Les pronoms neutres : « le », « en », « y » et les doubles pronoms.

**OUTILS COMMUNICATIFS :** Prendre position. Justifier une prise de position. Admettre. Contester. Exprimer ses intentions, ses désirs et ses espoirs, ses craintes.

**MÉTHODOLOGIE :** Expliquer : introduire une cause, une conséquence, un but.

## 1. Analysez un document.
- Qu'est-ce que cette photo évoque pour vous ?
- Imaginez dans quel but elle a été prise.
- Présentez votre interprétation aux autres apprenants.
- Écoutez celle des autres apprenants. Posez-leur des questions complémentaires.

## 2. Posez une problématique.
- Seul/e ou par groupes de deux à quatre apprenants, imaginez une problématique en relation avec la photo proposée.
- Comparez votre problématique avec celle des autres groupes.
- En groupe, choisissez celle qui vous paraît la plus intéressante.

## 3. Argumentez.
- Seul/e ou en groupes, cherchez des arguments pour répondre à la problématique choisie.
- Présentez vos arguments aux autres groupes.
- Écoutez leurs arguments et discutez pour défendre vos positions.

## EXTRAITS DE DIALOGUES
//////////////////////////////////////////////////////////////////////////////// Piste 7

### 1. Imaginez les situations.
- Écoutez ces extraits de dialogues.
- Imaginez la situation et l'identité des locuteurs.
- Par deux, discutez pour vous mettre d'accord.

### 2. Par deux, complétez les dialogues et jouez les scènes.
- Avec votre partenaire, imaginez un début et une suite à chacun de ces dialogues.
- Jouez les scènes.
- Discutez avec le groupe des différentes interprétations faites à partir du même document.

### 3. Repérez les structures.
- Réécoutez les extraits de dialogue.
- Notez les pronoms compléments que vous entendez.
- Notez ce qu'ils remplacent et expliquez leur utilisation.

1. ...
2. ...
3. ...
4. ...

# OUTILS GRAMMATICAUX – PRONOMS NEUTRES ET DOUBLES PRONOMS

## Les pronoms neutres « le », « en » et « y »

Les pronoms neutres peuvent remplacer les subordonnées infinitives ou complétives.
*Attention* : c'est la construction de base du verbe qui détermine le choix du pronom.

• **Le** ou **l'** remplace une subordonnée COD.
Elle souhaite faire le tour du monde. (souhaiter qqch.) *Elle le souhaite.*
Il dit que son voisin va déménager. (dire qqch.) *Il le dit.*
Il m'a demandé si je voulais sortir avec lui. (demander qqch. à qqn.) *Il me l'a demandé.*
Il regrette de ne pas pouvoir venir. (regretter qqch.) *Il le regrette.*
Elle a fait ce que nous lui demandions. (faire qqch.) *Elle l'a fait.*

• **En** remplace la subordonnée des verbes normalement construits avec la préposition « de ».
Il a envie de sortir avec ses amis. (avoir envie **de** qqch.) *Il en a envie.*
Il avait besoin que tu viennes. (avoir besoin **de** qqch.) *Il en avait besoin.*
Je suis convaincu d'avoir raison. (être convaincu **de** qqch.) *J'en suis convaincu.*

• **Y** remplace la subordonnée des verbes normalement construits avec la préposition « à ».
Il fait attention à toujours se présenter correctement. (faire attention **à** qqch.) *Il y fait attention.*
Il pense beaucoup à ce que tu lui as dit samedi dernier. (penser **à** qqch.) *Il y pense beaucoup.*
Il nous a autorisés à revenir le lendemain. (autoriser qqn. **à** faire qqch.) *Il nous y a autorisés.*

## Quelques verbes construits avec les prépositions « de » et « à »

| ... de qqch. | .... à qqch. |
|---|---|
| profiter de, rêver de, convaincre de, avoir besoin de, avoir envie de, avoir peur de, douter de, se moquer de, se souvenir de, s'occuper de, s'inquiéter de, s'apercevoir de, se réjouir de, être heureux (triste, désolé …) de *qqch/faire qqch.* | penser à, réfléchir à, tenir à, inviter à, avoir droit à, faire attention à, s'habituer à, s'opposer à, s'intéresser à, se préparer à, s'attacher à, se fier à, se consacrer à … *qqch./faire qqch.* obliger à, forcer à, inciter à, encourager à, autoriser à … *faire qqch.* |

## Utilisation des doubles pronoms

Les doubles pronoms COD (sauf « en ») et COI

| À tous les temps sauf à l'impératif affirmatif | | | | À l'impératif affirmatif | |
|---|---|---|---|---|---|
| me te se nous vous | le la l' les | le la l' les | lui leur | le la les | moi lui nous leur |
| Il te le donne. Il se le dit. Ne me le dis pas. | | Il le lui donne. Il les leur lit. Ne le lui lis pas. | | Donne-le moi ! Prends-les lui ! Prête-le nous ! | |

Les doubles pronoms avec « en » et « y »

| À tous les temps | | | |
|---|---|---|---|
| m' t' lui nous vous leur | en | m' t' s'/l' nous vous s'/les | y |
| Il m'en donne. Parle lui en ! Ne lui en parle pas. | | Il s'y consacre. Conduis nous-y ! Ne t'y fie pas. | |

## 4. À tour de rôle.

- Proposez chacun à votre tour une phrase utilisant un ou deux pronoms compléments pour commenter le document ci-dessous.
- N'hésitez pas à utiliser votre imagination. Si vous n'avez plus d'idée, vous êtes éliminé et le jeu continue.

## 5. Lisez l'extrait d'article suivant.

### Ces adultes qui n'arrivent pas à grandir !

*Ce sont de jeunes adultes mais ils se comportent encore comme des enfants. L'humour et le rire sont leurs valeurs cardinales. Ils sont frappés par ce qu'on appelle le « syndrome Peter Pan ».*

*Ils ont refusé de grandir et de devenir adultes. (...) On pourrait sourire mais ce serait un peu vite oublier ce qu'est la vie d'une personne de 30 ans qui ne peut se passer de ses peluches, n'aime pas dormir dans le noir et a parfois l'habitude de faire pipi au lit. Régression infantile ? En fait, celui qui est touché par le syndrome est devenu un adulte sur le plan physique mais sa personnalité n'a de son côté pas accepté d'atteindre cette nouvelle étape de l'existence.*

*Ces « adulescents » comme on les appelle également, sont parfaitement conscients de leur état et ne peuvent être qualifiés de débiles. Malgré leurs travers, ils peuvent être mariés, avoir un travail, même parfois des enfants, présentant en apparence une personnalité « normale ». (...)*

http://psychologie.aujourdhui.com – Serge Béranger

## 6. Cherchez des arguments et discutez.

### La problématique
### *Est-il plus difficile de devenir adulte aujourd'hui que dans le passé ?*

- Répondez à la question posée et choisissez un partenaire qui est de votre avis.
- Par deux, cherchez des arguments et des exemples pour défendre votre position.
- En groupe, présentez vos arguments, vos exemples et discutez avec les autres apprenants pour défendre votre position.

# DOCUMENT SONORE

/////////////////////////////////////////////////////////////////////////// **Piste 8**

## 1. Écoutez le document.
• Prenez des notes.

..................................................................................................................................
..................................................................................................................................
..................................................................................................................................
..................................................................................................................................
..................................................................................................................................
..................................................................................................................................
..................................................................................................................................
..................................................................................................................................
..................................................................................................................................

## 2. Discutez avec les autres apprenants pour contrôler ou compléter vos informations.

## 3. Réécoutez le document. Notez les phrases utilisées par Ali pour :
**1.** Se justifier : ...............................................................................................................
..................................................................................................................................
**2.** Prendre position : .........................................................................................................
..................................................................................................................................
**3.** Admettre quelque chose : ................................................................................................
..................................................................................................................................
**4.** Contester : ................................................................................................................
..................................................................................................................................
**5.** Exprimer une intention : .................................................................................................
..................................................................................................................................

## 4. Donnez votre avis et discutez.
• Réfléchissez aux questions suivantes en relation avec le document sonore.
• Pour chacune d'elles, discutez avec les autres apprenants pour donner votre avis sur le sujet.
• Pensez à utiliser les outils communicatifs dans la discussion.
• Essayez de convaincre ceux qui ne sont pas d'accord avec vous.

**1.** Les raisons financières sont-elles les plus importantes pour faire le choix de la colocation ?
**2.** Quelles peuvent être les autres motivations pour faire ce choix ?
**3.** Pour une colocation entre personnes de même génération, sur quels critères choisiriez-vous vos colocataires ?
**4.** Quels sont les aspects les plus contraignants de la colocation ?
**5.** La colocation entre personnes de même génération est-elle plus facile que la colocation intergénérationnelle ?
**6.** Feriez-vous personnellement le choix de vivre en colocation ? Pourquoi ?

# OUTILS COMMUNICATIFS

## Prendre position
- **Je suis (plutôt) pour/je suis (plutôt) contre** *les régimes.*
- **Je n'ai rien contre** *la suppression d'un jour férié si c'est nécessaire.*
- **Je suis opposé à** *la légalisation de la gestation pour autrui/***à ce que** *nous légalisions la GPA.*
- **Je ne suis pas opposé au** *numérique à l'école/***à ce que** *nous utilisions le numérique.*
- Je suis (**plutôt**) **favorable** *à la réduction des vacances d'été/***à ce que** *les vacances soient moins longues.*

## Justifier une prise de position
- **En effet** – *Je suis pour la discipline à l'école ; en effet, les enfants ont besoin de limites pour apprendre à vivre en société.*
- **Puisque** – *Je suis contre les régimes puisque chacun sait, qu'à long terme, ça ne marche pas.*

## Admettre
- **Il est juste/vrai/clair/exact/incontestable/évident que** *nous devons tous être solidaires.*
- **Il faut admettre/reconnaître/avouer que** *les inégalités demeurent dans notre pays.*
- **J'admets/je reconnais/je conviens/j'avoue que** *nous avons tous une part de responsabilité dans les difficultés communes.*

## Contester
- **Il n'est pas juste/raisonnable/sérieux de dire que** *nous sommes tous égaux.*
- **Il est faux/inexact/inacceptable/inadmissible de dire que** *le gouvernement fait tout ce qu'il peut pour les plus démunis.*

## Exprimer ses intentions
- J'ai l'intention, j'ai dans l'idée, je projette, j'envisage, j'ai prévu **de** *m'engager pour cette cause.*
- Je compte (bien), j'entends (bien) *vous convaincre.*

## Exprimer ses désirs et ses espoirs
- Je souhaite, je désire, je voudrais bien, j'aimerais bien (+ inf./que + subj.) *partir/qu'il parte.*
- Verbe au conditionnel + bien – *Je prendrais bien quelques jours de vacances.*
- J'ai envie/je brûle/j'ambitionne/ça me dirait bien/ça me tente/ça me plairait **de** *voyager.*
- Je tiens/j'aspire **à** (+ inf.) – *J'aspire à jouer un rôle dans la vie publique.*
- Je convoite *(un objet)*, je brigue *(un poste)*, je vise *(une promotion).*
- J'espère (+ inf./que + indicatif) – *J'espère gagner au loto. J'espère que vous gagnerez au loto.*
- Pourvu que (+ subjonctif) – *Pourvu que je réussisse ce test !*

## Exprimer ses craintes
- J'ai peur, je crains **de** [+ nom ou infinitif (1 sujet)/que + subjonctif (2 sujets)] – *J'ai peur de devoir renoncer à ce projet/Je crains que vous n'ayez pas compris l'ampleur du problème.*
- Je suis affolé/effrayé/effaré/angoissé/épouvanté/terrifié/terrorisé **par** qqch./**à l'idée de** (+ inf.)/**à l'idée que** (+ subj.) *Elle est terrifiée par les araignées. – Elle est angoissée à l'idée de grossir/à l'idée que tu partes.*
- J'appréhende qqch/**de** (+ inf.) *Il appréhende de vieillir.*
- J'ai des appréhensions, j'ai des craintes.

DOSSIER 3 ///Dans l'air du temps///

# BD

## La vie est un zoo, l'amour un paquet de cacahuètes

PAR AUDE PICAULT

**EVA**
**J.F. SE CHERCHE DÉSESPÉRÉMENT**

— Salut Olivia.

— J'arrive à Biarritz. Je vais passer quelques jours en famille, avec ma sœur…

— Nan ça me gonfle, elle est super coincée.

— Ambiance femme au foyer, tu vois l'horreur.

— Et je te parle même pas de mon beau-frère.

— C'est simple : je peux pas le blairer !

— Mais bon, c'est Biarritz : il fait beau, les gens sont chic, et y a des surfeurs canons partout…

— Et puis c'est un peu chez moi, depuis le temps qu'on y loue une baraque.

— Ah, ma sœur arrive ! Elle revient de la plage on dirait.

— Je te laisse, ciao ma belle !

BEGROLLES EN MAUGES

TÛT TÛT

*Biarritz : station balnéaire très huppée située au sud sur la côte atlantique

## 1. Par deux, discutez et mettez-vous d'accord.

1. Selon vous, à qui cette jeune femme téléphone-t-elle ?
2. Quelles sont les différences entre ce qu'elle dit et la réalité ?
3. Pourquoi ne dit-elle pas la vérité ?
4. Proposez une explication pour le titre de cette BD.
5. Relevez les mots appartenant au langage familier et proposez des synonymes en français standard pour les remplacer.

..................................................................................................................................
..................................................................................................................................
..................................................................................................................................
..................................................................................................................................
..................................................................................................................................
..................................................................................................................................
..................................................................................................................................

• Comparez vos réponses à celles des autres groupes.

## 2. Discutez.

• Répondez aux questions suivantes pour préparer la discussion.

1. Pourquoi nous arrive-t-il de vouloir paraître ce que nous ne sommes pas ?

..................................................................................................................................

2. Dans quelles situations êtes-vous le plus enclin à donner une image fausse ou du moins déformée de votre personnalité ?

..................................................................................................................................

3. Quelle est l'importance du regard des autres dans votre comportement ?

..................................................................................................................................

4. Pensez-vous que tout le monde joue plus ou moins un rôle dans la vie ? Pourquoi ?

..................................................................................................................................

5. Pensez-vous qu'aujourd'hui la société soit plus sensible à l'apparence que dans le passé ?

..................................................................................................................................

• Prenez position. Donnez votre opinion sur chacune des questions posées, écoutez celle des autres apprenants et discutez pour défendre votre position.

## 3. Cherchez des arguments et discutez.

<u>La problématique</u>

*L'« être » ou le « paraître ».*
**Auquel des deux notre société donne-t-elle le plus d'importance ?**

• Répondez à la question posée et choisissez un partenaire qui est de votre avis.
• Par deux, cherchez des arguments et des exemples pour défendre votre position.
• En groupe, présentez vos arguments, vos exemples et discutez avec les autres apprenants pour défendre votre position.

# DOCUMENT SONORE

////////////////////////////////////////////////////////////////////////////// **Piste 9**

## « La théorie du complot »

**1.** Écoutez le document et prenez des notes.

**2.** Discutez avec les autres apprenants pour contrôler ou compléter vos informations.

**3.** Exercices lexicaux.

• Par deux, reformulez les phrases, les expressions, ou les mots suivants extraits du document.

**1.** les adeptes de cette théorie

...........................................................................................................................

**2.** les informations (...) ne reflèteraient pas la réalité de notre société.

...........................................................................................................................

**3.** les extraterrestres

...........................................................................................................................

**4.** Le web regorge d'informations

...........................................................................................................................

**5.** l'effondrement des tours jumelles

...........................................................................................................................

**6.** (les) évènements réécrits à la lumière du complotisme

...........................................................................................................................

**7.** l'information (...) n'est pas toujours fiable

...........................................................................................................................

**8.** un agent secret qui joue le rôle d'un terroriste

...........................................................................................................................

**9.** il serait très facile de les démasquer

...........................................................................................................................

**10.** les classes sociales défavorisées

...........................................................................................................................

**11.** sa vraisemblance

...........................................................................................................................

## 4. Cherchez des arguments et discutez.

<u>La problématique</u>

*La théorie du complot est-elle vraisemblable ?*

• Prenez position sur la question posée et choisissez un partenaire qui est de votre avis.
• Par deux, cherchez trois arguments pour défendre votre position.

...........................................................................................................................
...........................................................................................................................
...........................................................................................................................

• Pour chaque argument, cherchez un exemple qui puisse l'illustrer.

...........................................................................................................................
...........................................................................................................................
...........................................................................................................................

DOSSIER 3 /// Dans l'air du temps /// 54

- Présentez vos arguments et vos exemples aux autres apprenants.
- Discutez pour défendre votre position.

## MÉTHODOLOGIE – EXPLIQUER

### Pour introduire une cause

- **À cause de, grâce à, en raison de, étant donné, vu, compte tenu de, à force de, faute de, pour, par** (+ nom) – *À force de patience, il réussira à vous convaincre – Faute d'argent, l'état ne peut pas aider tout le monde. – Il a été récompensé pour son travail. – Il a démissionné par fierté.*
- **À force de** (+ infinitif) – *À force de protester, les manifestants ont obtenu gain de cause.*
- **Pour** (+ infinitif passé) – *Il est en prison pour avoir détourné l'argent de son entreprise.*
- **Car, en effet, parce que** (cause explicative) – **puisque** (cause connue des locuteurs) – **comme, étant donné que, vu que** (cause logique) – *Comme il neige, les vols ont du retard. Puisqu'il neige, nous laisserons la voiture au garage. En effet, je ne sais pas conduire sur la neige.*
- **Ce n'est pas que** (+ subjonctif) (cause rejetée suivie par la cause réelle) – *N'achetez pas ce vin. Ce n'est pas qu'il soit trop cher, mais il n'est pas bon.*
- **Causer, provoquer, entraîner, déclencher, occasionner, créer, produire, engendrer, susciter, donner lieu à** – *Son départ a donné lieu à une grande fête. En partant, les invités ont déclenché le signal d'alarme, ce qui a occasionné une panique générale.*
- **La cause/la raison/le motif** *de son départ*, **l'origine** *de sa vocation*, **la source** *de ses problèmes*, **le mobile** *du crime*.

### Pour introduire une conséquence

- **Donc, alors, c'est pourquoi, c'est la raison pour laquelle, si bien que – en conséquence, par conséquent** (formel) – **résultat, total, du coup** (oral) – *Il pleut. Du coup, on reste à la maison. C'est la raison pour laquelle j'ai invité les voisins.*
- **D'où** (+ nom) *Il a fait très peu d'efforts, d'où son médiocre résultat.*
- Conséquence liée à une idée de quantité ou d'intensité : **À tel point que/tant et si bien que** – *Il lit mal ; à tel point qu'il ne comprend rien.* – **Tellement/si** + adjectif/adverbe + **que** – **tellement de/tant de** + nom + **que** – verbe + **tellement/tant que** – *Il est si fatigué, il a tant de travail, il voyage tellement qu'on ne se voit plus.* – **Tel/telle/tels/telles ... que** – *Il y a un tel choix que je ne sais plus quoi prendre.*
- **Découler, résulter** – *La solution à ce problème découle de nos observations.*
- **Il s'ensuit** (s'ensuivre) **que** – *C'est la grève. Il s'ensuit que tous les trains restent en gare.*
- **S'explique par/est dû à** – *L'accident est dû à un excès de vitesse.*
- **La conséquence/les suites** *d'une maladie*, **les effets** *de la sécheresse*, **les retombées** *d'une découverte*, **les répercussions/le contrecoup** *de la crise*, **les séquelles** *d'un accident*.

### Pour introduire un but

- **Pour** (+ nom) – *Il travaille pour la gloire.*
- **Pour/afin de/dans le but de/en vue de/de façon à/de manière à/histoire de** (but sans importance) – **de peur de/de crainte de** (= pour ne pas) (+ verbe à l'infinitif)
*Il travaille de façon à gagner un peu d'argent. – Il travaille de peur de manquer d'argent.*
- **Pour que/afin que/de façon (à ce) que/de manière (à ce) que – de peur que/de crainte que** (= pour que ... ne ... pas) (+ phrase au subjonctif)
*Il travaille beaucoup de crainte que ses enfants ne puissent pas vivre correctement.*
- Il a **pour but de/pour objectif de/dans l'idée de** ... trouver un logement.

# ENTRAÎNEZ-VOUS POUR LE DALF C1 – 1er sujet

## 1. Lisez le 1er document.

### Être végane, le véganisme

**Végane :** Personne qui exclut de son alimentation tout produit d'origine animale (végétalien) et adopte un mode de vie respectueux des animaux (habillement, cosmétiques, loisirs...). (...)

On estime aujourd'hui à plus de 525 millions, le nombre de personnes ne mangeant ni chair animale ni œuf sur Terre : 40 % de végétariens et végétaliens en Inde sur la totalité de la population, de 2 à 5 % aux États-Unis, en France ou en Chine, 6 à 10 % au Brésil ou en Allemagne. En France, on estime à 2 millions, le nombre de personnes ayant fait le choix de ne pas consommer les animaux dans leur quotidien (population de végétariens, végétaliens et véganes confondus).

Source « Être végétarien » par Alexandra de Lassus – Les guides du Chêne 2014.

### Le véganisme, l'épreuve du prochain millénaire

Le véganisme est pratiqué dans de nombreuses religions pour sa philosophie depuis les fondements de l'humanité et comme mode alimentaire pour sa nature hygiéniste (en accord avec la santé humaine). Aujourd'hui le véganisme semble être la solution à bien des problèmes modernes : des problématiques éthiques, écologiques et sanitaires.

### Pourquoi être végane ? Parce que les animaux ne sont pas des objets, nos esclaves ou des déchets.

« Les animaux ne nous appartiennent pas. Nous n'avons pas le droit d'en disposer, que ce soit pour notre alimentation, notre habillement, nos loisirs ou nos expériences scientifiques. » (Association PETA)

Esclaves et victimes des besoins de nos sociétés, ils sont l'objet d'expériences et d'exploitation massive. Ils assurent au quotidien nos « besoins » alimentaires, notre « confort » ou notre « divertissement ». La consommation organisée des animaux est devenue colossale et la violation de leurs droits fondamentaux systématique. De 100 à 140 milliards d'animaux sont tués pour être mangés par l'Homme dans le monde chaque année. (...)

### Le spécisme, un comportement à deux facettes

L'être humain aime et protège les animaux, ou exploite et tue les animaux en fonction de critères familiaux, religieux et culturels. Pourtant chacun s'accorde à dire que les animaux comptent moralement et qu'ils doivent être tous protégés de l'esclavage ou de la violence. Le spécisme est semblable au racisme ou au sexisme. Certains animaux vont vivre l'abondance et l'affection en notre compagnie. D'autres vivront l'enfer et une mort violente prématurée en fonction de la valeur marchande qu'ils représentent et en dépit de toute justice.

### Pourquoi être végane ? Pour protéger l'environnement de l'impact de la production animale.

La production animale consomme de l'énergie, des ressources alimentaires, des ressources en eau et des ressources animales colossales. Aujourd'hui, des scientifiques et des organisations internationales déclarent la consommation de viande comme étant la principale menace à la survie de la planète. (...)

### Pourquoi être végane ? Pour préserver notre santé.

55 % des non-végétariens pensent que ce régime alimentaire est dangereux pour la santé (Opinion Way 2012). Il est temps de se mettre à jour ! Le végétalisme est aujourd'hui validé par de nombreuses études comme étant la pratique alimentaire la plus saine que l'on puisse adopter. Cette alimentation exclusivement d'origine végétale, menée de façon équilibrée, est suffisante en apports énergétiques, et complète en nutriments essentiels. « Un régime végétalien bien planifié, de même que d'autres régimes végétariens, est adapté à tous les stades de la vie, y compris en cours de grossesse, pendant l'allaitement, la petite enfance, l'enfance et l'adolescence. (...)

http://www.vegan-france.fr

## 2. Exercices lexicaux.

• Par deux, reformulez les phrases ou expressions suivantes.

1. les fondements de l'humanité

..................................................................................................................

**2.** des problématiques éthiques
..................................................................................................................................................

**3.** nos esclaves ou des déchets
..................................................................................................................................................

**4.** Nous n'avons pas le droit d'en disposer
..................................................................................................................................................

**5.** la violation de leurs droits fondamentaux systématique
..................................................................................................................................................

**6.** un comportement à deux facettes
..................................................................................................................................................

**7.** D'autres vivront l'enfer et une mort violente prématurée
..................................................................................................................................................

**8.** en dépit de toute justice
..................................................................................................................................................

**9.** la principale menace à la survie de la planète
..................................................................................................................................................

**10.** se mettre à jour
..................................................................................................................................................

## 3. Lisez le second document.

### Quels droits pour les animaux ?

Animaux de compagnie, animaux d'élevage, animaux sauvages ou animaux de laboratoire, tous ne sont pas égaux face à la loi. Le droit reste une affaire d'homme et le statut juridique des animaux varie selon les époques, en fonction des convictions et des nécessités humaines.

À l'heure actuelle, la question des droits des animaux est en passe de devenir un sujet de société.

La notion de sensibilité animale se développe, les dernières avancées scientifiques nous apprennent que les animaux sont des êtres conscients qui sont sujets à la souffrance, et ainsi, l'opinion évolue et penche de plus en plus en faveur de leur protection.

Pourtant, dans le droit comme dans les esprits tous les animaux ne se valent pas.

En 2012, la corrida n'a pas été interdite par le Conseil constitutionnel malgré les demandes répétées des associations de protection animale car elle constitue une « tradition locale ininterrompue » dans plusieurs régions françaises. En revanche en 2014, la vidéo postée sur Internet montrant un chaton lancé violemment contre un mur a suscité une véritable vague d'indignation sur les réseaux sociaux.

L'auteur des faits a été appréhendé en partie grâce aux internautes, et il a écopé d'un an d'emprisonnement, une peine exceptionnelle au regard des autres cas de mauvais traitements qui ne sont presque jamais sanctionnés malgré ce qu'en dit le Code pénal.

Dernièrement ce sont les scènes de cruauté filmées dans des abattoirs français révélées par l'association de protection animale L214 qui mettent les citoyens face à la réalité de l'exploitation animale et face à leurs contradictions.

En France, pays de traditions agricoles et gastronomiques, les questions relatives au bien-être animal sont vite perçues avec dédain, voire avec méfiance. La condition utilitaire de l'animal reste une notion très présente dans le droit français, et encore aujourd'hui l'animal est un bien dont l'homme est propriétaire. (...)

**Quels statuts juridiques pour les animaux domestiques ?**

(...) Le 2 juillet 1850, la notion de protection animale fait pour la première fois son apparition dans un texte législatif.

Le 13 novembre 2012, sous l'impulsion d'associations de protection animale dont la fondation *30 millions d'amis*, une proposition de loi relative à la protection animale est effectuée. Cette proposition aboutira le 16 février 2015 à la création de la loi 2015-177 qui modifie de nouveau le code civil en qualifiant les animaux d'êtres doués de sensibilité.

**Les animaux sauvages et les animaux de laboratoires, les parents pauvres du droit ?**

En matière de protection animale, le droit français fait preuve d'une certaine incohérence. Ainsi, il existe encore une différence de traitement entre les animaux dits domestiques et les animaux sauvages. (...)

Selon le Code de l'environnement, les animaux sauvages quant à eux, n'ayant pas de propriétaire par nature, sont considérés comme des *res nullius*, des « *choses sans maître* » et ne rentrent pas dans le cadre des différentes lois de protection animale. N'étant pas considérés comme des êtres sensibles, la loi présume que ces animaux sauvages ne subissent pas de maltraitance et ainsi, elle ne les protège pas contre les actes de malveillance et de cruauté. (...)

Virginie J – 10/07/2016 – linflux.com
(Bibliothèque municipale de Lyon)

## 4. Exercices lexicaux.

• Par deux, reformulez les phrases, les expressions, ou les mots suivants.

**1.** la question (...) est en passe de devenir un sujet de société.
..................................................................................................

**2.** des êtres conscients qui sont sujet à la souffrance
..................................................................................................

**3.** l'opinion (...) penche de plus en plus en faveur de leur protection
..................................................................................................

**4.** ... a suscité une véritable vague d'indignation
..................................................................................................

**5.** L'auteur des faits a été appréhendé
..................................................................................................

**6.** au regard des autres cas
..................................................................................................

**7.** des abattoirs
..................................................................................................

**8.** avec dédain
..................................................................................................

**9.** sous l'impulsion d'associations
..................................................................................................

**10.** les parents pauvres du droit ?
..................................................................................................

**11.** le droit français fait preuve d'une certaine incohérence
..................................................................................................

**12.** quant à eux
..................................................................................................

## 5. Par deux, préparez l'exposé oral.

• Prenez position sur la question posée et choisissez un partenaire qui est de votre avis.

- Relevez dans les textes proposés les idées principales et les exemples qui vous seront utiles pour préparer un exposé sur le thème :

*L'homme est-il le pire ennemi de l'animal ?*

..................................................................................................................................
..................................................................................................................................
..................................................................................................................................
..................................................................................................................................
..................................................................................................................................
..................................................................................................................................
..................................................................................................................................

- Proposez des idées complémentaires ou contradictoires sur le même sujet. Cherchez des exemples pour illustrer vos idées.

..................................................................................................................................
..................................................................................................................................
..................................................................................................................................
..................................................................................................................................
..................................................................................................................................
..................................................................................................................................
..................................................................................................................................

- Sélectionnez les trois ou quatre idées principales que vous souhaitez retenir pour l'exposé. Organisez-les selon un ordre logique. Ajoutez des idées secondaires.

..................................................................................................................................
..................................................................................................................................
..................................................................................................................................
..................................................................................................................................
..................................................................................................................................
..................................................................................................................................

- Reformulez la problématique pour préparer l'introduction.

..................................................................................................................................
..................................................................................................................................

- Formulez clairement votre réponse à la question posée pour la conclusion.

..................................................................................................................................
..................................................................................................................................

## 6. Introduisez le sujet et discutez.
- Un binôme introduit le sujet et présente brièvement ses arguments.
- Posez-leur des questions pour qu'ils précisent leurs idées, ou qu'ils les illustrent par des exemples.
- Présentez vos arguments et vos exemples s'ils sont différents.
- Discutez pour défendre votre position.

## 7. Discutez spontanément.
- En groupe, expliquez la problématique.

*Le « spécisme » est-il une forme de racisme ?*

- En utilisant les mêmes textes comme sources d'informations, prenez spontanément position sur le thème proposé. Donnez votre opinion et argumentez pour convaincre les autres apprenants.
- Pensez à articuler votre discours de façon claire et cohérente.

# ENTRAÎNEZ-VOUS POUR LE DALF C1 – 2ᵉ sujet

## 1. Lisez le 1ᵉʳ document.

### Les plateformes Internet collaboratives dans les transports et l'habitat de plus en plus populaires
**Les Français sont de plus en plus nombreux à utiliser des sites collaboratifs.**

Un Français sur trois est désormais inscrit sur une plateforme collaborative mettant en relation les particuliers pour de l'échange de produits et services, selon le dernier Observatoire de l'économie.

Plus de 30 % des internautes français sont donc aujourd'hui inscrits sur au moins une de ces plateformes. Les catégories les plus populaires sont la mobilité/transport (27 %) et l'habitat (14 %). Toutefois, si l'écrasante majorité des utilisateurs se connectent avant tout pour profiter de ces offres, seuls 5 % en proposent régulièrement.

La motivation première des personnes qui se connectent à ces sites, c'est évidemment de réaliser des économies. Toutefois, l'utilisation de ces sites est également synonyme de démarche responsable (27 %) ou bien encore de simple curiosité quant à de nouveaux modes de consommation (26 %). Au final, ce marché répond à un besoin de revenir à des formes plus simples et directes de consommation.

Quant au profil type des inscrits, il diffère selon les catégories de sites. Ceux relatifs à la mobilité et à l'habitat concernent ainsi en moyenne des femmes de 15 à 34 ans, étudiantes ou CSP+*. À l'inverse, tout ce qui touche à la finance concerne davantage les hommes de 35 à 49 ans, là encore CSP+.

À noter que désormais les trois quarts des Français connaissent au moins une marque de l'économie collaborative, signe s'il en est que sa démocratisation est en marche.

L'Observatoire de l'économie collaborative mesure auprès des internautes la notoriété et l'appétence d'une trentaine de plateformes collaboratives proposées grâce à l'émergence du numérique.

© Relaxnews

*CSP+ : catégories socio-professionnelles favorisées

## 2. Exercices lexicaux.
• Par deux, reformulez les expressions suivantes.

**1.** Les plateformes Internet collaboratives
..................................................................

**2.** l'écrasante majorité
..................................................................

**3.** La motivation première des personnes
..................................................................

**4.** (une) démarche responsable
..................................................................

**5.** tout ce qui touche à …
..................................................................

**6.** la notoriété et l'appétence
..................................................................

## 3. Lisez le deuxième document.

## Menu Next Door frappe aux portes de Paris

**La jeune pousse bruxelloise, (...) se lance aujourd'hui en France.**

La vague du fait maison ne risque pas de retomber. Ce soir, une énième start-up fait ses débuts à Paris. Menu Door s'appuie sur l'économie collaborative pour mettre en relation un cuisinier et ses voisins. Le principe est simple : le premier prépare des menus qu'il annonce à la communauté via l'application, les seconds commandent et passent chercher leur repas en fin de journée au domicile du cuistot amateur pour des prix serrés, entre 6 et 14 euros. « Nous jouons sur la convivialité, explique avec passion Nicolas Van Rymenant, fondateur et dirigeant. Lorsque vous venez récupérer votre plat, votre hôte vous offre un verre comme il le ferait en recevant des amis. » Avec 55 000 membres dans la région bruxelloise, dont 10 000 clients depuis mai 2015, le premier pari est réussi. La jeune pousse veut passer le cap de l'internationalisation (...)

**38 000 membres parisiens**

Comme à Bruxelles, il (le fondateur) a démarré en France par un groupe sur Facebook afin de partager photos et commentaires. La version parisienne, testée depuis janvier, enregistre déjà 38 000 membres et 110 chefs ! Maintenant, le temps presse. Le nombre de start-up présentes sur ce créneau est croissant. Et le syndicat des restaurateurs Synhorcat veille au grain. L'été dernier, il a adressé une mise en garde au gouvernement concernant l'essor des entreprises visant des particuliers à se transformer en cuisiniers amateurs.

Guillaume Bregeras – 15/03/2016 – business.lesechos.fr

## 4. Exercices lexicaux.

- Par deux, reformulez les phrases, les expressions, ou les mots suivants.

**1.** La vague du fait maison

..................................................................

**2.** une énième start-up

..................................................................

**3.** Menu Next Door s'appuie sur (l'économie collaborative)

..................................................................

**4.** au domicile du cuistot amateur

..................................................................

**5.** des prix serrés

..................................................................

**6.** Nous jouons sur la convivialité

..................................................................

**7.** La jeune pousse veut passer le cap de l'internationalisation

..................................................................

**8.** le temps presse

..................................................................

**9.** présentes sur ce créneau

..................................................................

**10.** le syndicat des restaurateurs (Synhorcat) veille au grain

..................................................................

**11.** l'essor (des entreprises)

..................................................................

## 5. Lisez le troisième document.

### « Pour une concurrence saine entre hôtels et Airbnb »

Avec deux fois plus de touristes en juillet 2016 qu'en juillet 2015, Airbnb réalise un record en France, au détriment des hôteliers qui accusent une baisse de fréquentation de 10 %. (…)

Depuis plus d'un an, les professionnels de l'hôtellerie réunis au sein de l'Ahtop (Association pour un hébergement et un tourisme professionnel) ne cessent d'alerter l'opinion et les pouvoirs publics sur les conséquences d'un développement anarchique des offres d'hébergement « non-commerciales ». Il faut cependant clarifier les choses : le problème ne réside pas dans l'existence de plateformes « collaboratives », Airbnb en tête, mais bien dans l'absence presque totale de règles qui régissent ces activités.

#### Une concurrence déloyale

Si le numérique est de nature à dynamiser l'économie en proposant des modes de consommation alternatifs, il ne doit pas permettre d'imposer les conditions d'une concurrence déloyale.

Aujourd'hui, quelques clics suffisent pour proposer son logement sur Airbnb. Mais le développement exponentiel de ces offres d'hébergement est aussi encouragé par un véritable vide réglementaire. Alors que les hôteliers investissent constamment pour répondre aux normes de sécurité et d'accessibilité, ou pour améliorer l'accueil de leurs clients, les plateformes en ligne ne sont soumises à aucune de ces règles.

Plus grave encore, de nombreux logements sont détournés de leur fonction au profit de ces « locations sauvages » : des logements sociaux, pourtant interdits à la sous-location, et des logements « loi Pinel » sont proposés à la location. Aussi, un phénomène de « volets clos » se développe progressivement en France : des quartiers entiers se retrouvent confisqués au parc immobilier communal pour venir alimenter ce marché parallèle. Et la raréfaction de l'offre encourage l'augmentation des loyers au détriment des habitants.

#### L'optimisation fiscale pour échapper à l'impôt

Ces offres d'hébergement en ligne échappent en grande partie à la fiscalité pour l'heure. Quoiqu'elles prétendent, les plateformes en ligne ne respectent pas intégralement le recouvrement de la taxe de séjour, contrairement aux hôteliers professionnels. Enfin, de nombreux propriétaires dépassent allègrement les 120 jours de location autorisés par an et la plupart d'entre eux ne déclarent pas ces revenus au fisc. C'est évidemment sans compter sur les mécanismes « d'optimisation fiscale », qui permettent à certaines de ces plateformes d'échapper à l'impôt. Car c'est bien Airbnb Irlande qui encaisse, en Irlande, les commissions générées par la location des appartements situés en France.

Les professionnels de l'hôtellerie subissent ainsi de lourdes conséquences : à la perte de clientèle répond une baisse du chiffre d'affaires, allant jusqu'à − 20 %, avec d'inévitables répercussions sur l'emploi et le tissu économique local. Depuis plusieurs mois, les hôteliers naviguent à vue et n'investissent plus. (…)

#### Assurer la place de la France comme 1re destination mondiale

Si Berlin, Amsterdam, Barcelone, Madrid, Bruxelles, New York ou San Francisco, villes tout sauf rétives à l'entrepreneuriat, ont précisément encadré ces systèmes de location, c'est pour répondre aux dérives que la France ne peut, elle non plus, tolérer plus longtemps. (…)

Pour cela, nous aurons besoin de la mobilisation de tous les acteurs : hôteliers, résidences touristiques, chambres d'hôtes, mais aussi des plateformes en ligne qui ont un rôle, des clients et un marché spécifique à servir. Mais surtout pas au détriment des autres acteurs de l'accueil, de l'État, des communes et de leurs habitants.

lexpansion.lexpress.fr – j-b-falco – 09/08/2016

## 6. Exercices lexicaux.

• Par deux, reformulez les phrases, les expressions, ou les mots suivants.

1. une concurrence saine

..................................................................................

2. au détriment (des hôteliers) qui accusent une baisse de fréquentation

..................................................................................

3. (un développement) anarchique des offres d'hébergement « non-commerciales »

..................................................................................

4. Airbnb en tête

..................................................................................

**5.** qui régissent (ces activités)
..................................................................................................................

**6.** (de nombreux logements) sont détournés de leur fonction
..................................................................................................................

**7.** des logements sociaux, pourtant interdits à la sous-location
..................................................................................................................

**8.** des quartiers entiers se retrouvent confisqués au parc immobilier
..................................................................................................................

**9.** alimenter ce marché parallèle
..................................................................................................................

**10.** (Ces offres d'hébergement en ligne échappent en grande partie à) la fiscalité pour l'heure
..................................................................................................................

**11.** le recouvrement de la taxe de séjour
..................................................................................................................

**12.** (de nombreux propriétaires) dépassent allègrement …
..................................................................................................................

**13.** subissent ainsi de lourdes (conséquences)
..................................................................................................................

**14.** d'inévitables répercussions sur l'emploi et le tissu économique local
..................................................................................................................

**15.** (les hôteliers) naviguent à vue
..................................................................................................................

**16.** villes tout sauf rétives à l'entrepreneuriat
..................................................................................................................

**17.** répondre aux dérives
..................................................................................................................

## 7. Par deux, préparez l'exposé oral.
• Procédez comme pour le 1er sujet. Prenez position sur la question posée et choisissez un partenaire qui est de votre avis.
• Relevez dans les textes proposés les idées principales et les exemples qui vous seront utiles pour préparer un exposé sur le thème :

*Avons-nous tout à gagner dans l'utilisation des sites collaboratifs ?*

• Proposez des idées complémentaires ou contradictoires sur le même sujet. Cherchez des exemples pour illustrer vos idées. Pensez à élargir le sujet en parlant d'autres acteurs de l'économie collaborative que vous connaissez.
• Sélectionnez les trois ou quatre idées principales que vous souhaitez retenir pour l'exposé. Organisez-les selon un ordre logique. Ajoutez des idées secondaires. Proposez des exemples.
• Reformulez la problématique pour préparer l'introduction.
• Formulez clairement votre réponse à la question posée.

## 8. Introduisez le sujet et discutez.
• Un binôme introduit le sujet et présente brièvement ses arguments.
• Posez-leur des questions pour qu'ils précisent leurs idées, ou qu'ils les illustrent par des exemples.
• Présentez vos arguments et vos exemples s'ils sont différents.
• Discutez pour défendre votre position.

# Bilan

*(1 point par réponse)*

## Complétez le dialogue en utilisant tous les pronoms compléments nécessaires.

« Bonjour ! As-tu rencontré tes amis au bar aujourd'hui ? »

**1.** « .................................................................................................................................. »

« Et tu as parlé à Nicolas et Fred de ton futur voyage en Chine ? »

**2.** « .................................................................................................................................. »

« Tu leur as dit que tu voulais partir pour six mois ? »

**3.** « .................................................................................................................................. »

« As-tu réfléchi à ma proposition de partir avec toi ? »

**4.** « Non, ............................................................................................................................. »

« J'ai le guide du Routard. Si tu veux, je te le prête ? »

**5.** « Oui, .............................................................................................................................. »

## Prenez position. Utilisez une forme différente à chaque fois.

« Nous devrions tous devenir véganes ! »

**6.** « .................................................................................................................................. »

« Les animaux doivent être respectés ! »

**7.** « .................................................................................................................................. »

## Prenez position (8) et justifiez votre point de vue (9).

« Les adultes doivent se comporter comme des adultes. »

**8.** « .................................................................................................................................. »

**9.** « .................................................................................................................................. »

## Admettez ou contestez ces affirmations. Utilisez une forme différente à chaque fois.

« Selon moi, l'état ne fait rien pour aider les entreprises. »

**10.** « ................................................................................................................................. »

« Les plateformes collaboratives ont trop d'avantages. »

**11.** « ................................................................................................................................. »

« La concurrence entre professionnels et plateformes collaboratives est déloyale. »

**12.** « ................................................................................................................................. »

## Exprimez vos intentions de différentes manières.

« Partir à l'étranger, ça vous tente ? »

**13.** « ................................................................................................................................. »

**14.** « .................................................................................................................................... »

**15.** « .................................................................................................................................... »

### Exprimez vos désirs ou vos espoirs. Utilisez une forme différente à chaque fois.

« Souhaitez-vous rencontrer le président ? »

**16.** « .................................................................................................................................... »

**17.** « .................................................................................................................................... »

**18.** « .................................................................................................................................... »

### Exprimez vos craintes. Utilisez une forme différente à chaque fois.

« Allez, sautez ! N'ayez pas peur, l'élastique est solide ! »

**19.** « .................................................................................................................................... »

**20.** « .................................................................................................................................... »

### Complétez cette présentation sur le thème : « L'évolution de la société française. » par les mots suivants (21 à 30) :

car – ce n'est pas que – dans le but de – d'où – en effet – entraîne – provoque – résultat – s'ensuit – s'explique.

La population française augmente naturellement (21) ...................... la croissance démographique y est plus élevée que dans la plupart des pays européens, notamment qu'en Allemagne, en Espagne ou en Italie. (22) ...................... la situation économique y soit plus favorable, mais les structures d'accueil pour la petite enfance y sont assez développées et les aides aux parents substantielles. Il (23) ...................... que le taux de natalité avoisine les deux enfants par famille.

Autre constat, les jeunes fréquentent de plus en plus l'université. (24) ...................... les difficultés rencontrées par cette institution qui doit revoir son mode de fonctionnement pour intégrer ou sélectionner les candidats.

De plus, le chômage des jeunes reste une préoccupation du gouvernement. (25) ......................, aucune mesure ne parvient actuellement à le résorber efficacement ce qui (26) ...................... un profond malaise dans la société. Beaucoup de jeunes font des études supérieures (27) ...................... sécuriser leur avenir mais leurs espoirs sont parfois déçus. L'ascenseur social ne fonctionne pratiquement plus, ce qui (28) ...................... une stagnation des classes sociales qui pénalise les plus défavorisés.

Enfin, pour finir sur une note optimiste, l'espérance de vie des Français est, elle aussi, en augmentation. Cela (29) ...................... d'une part par de meilleures conditions de vie et d'autre part par les progrès constants de la médecine. (30) ...................... : le nombre de centenaires est passé de 3 760 en 1990 à 20 669 en 2016.

### Comptez vos points

→ **Vous avez plus de 25 points : BRAVO !** C'est très bien. Vous pouvez passer au dossier suivant.

→ **Vous avez plus de 20 points :** C'est bien, mais regardez vos erreurs, cherchez les réponses possibles dans les outils proposés et refaites le test. Ensuite, passez au dossier suivant.

→ **Vous avez moins de 20 points :** Vous n'avez pas bien mémorisé les outils de ce dossier, reprenez-le complètement, avec les corrigés, puis recommencez l'autoévaluation. Bon courage !

# Dossier 4

## DÉVELOPPEMENT DURABLE

**OUTILS GRAMMATICAUX :** Le groupe nominal : la caractérisation du nom par un adjectif, une subordonnée relative ou un groupe prépositionnel.

**OUTILS COMMUNICATIFS :** Concéder, objecter. Réfuter un énoncé et se justifier. Conforter ses idées. Exprimer sa déception et son inquiétude.

**MÉTHODOLOGIE :** Argumenter : introduire une opposition et une concession.

## 1. Analysez un document.
- Que représente cette photo ?
- Qu'est-ce qu'elle évoque pour vous ?
- Présentez votre interprétation aux autres apprenants.
- Écoutez celle des autres apprenants. Posez-leur des questions complémentaires.
- Discutez pour vous mettre d'accord.

## 2. Posez une problématique.
- Seul/e ou par groupes de deux à quatre apprenants, imaginez une problématique en relation avec la photo proposée.
- Comparez votre problématique avec celle des autres groupes.
- En groupe, choisissez celle qui vous paraît la plus intéressante.

## 3. Argumentez.
- Seul/e ou en groupes, cherchez des arguments pour répondre à la problématique choisie.
- Présentez vos arguments aux autres groupes.
- Écoutez leurs arguments et discutez pour défendre votre position.

## EXTRAITS DE DIALOGUES
////////////////////////////////////////////////////////////////////////////// **PISTE 10**

### 1. Imaginez les situations.
- Écoutez ces extraits de dialogues.
- Imaginez la situation et l'identité des locuteurs.
- Par deux, discutez pour vous mettre d'accord.

### 2. Par deux, complétez les dialogues et jouez les scènes.
- Avec votre partenaire, imaginez un début et une suite à chacun de ces dialogues.
- Jouez les scènes.
- Discutez avec le groupe des différentes interprétations faites à partir du même document.

### 3. Repérez les structures.
- Réécoutez les extraits de dialogue.
- Relevez les groupes nominaux complexes que vous entendez.
- Quelles sont les différentes manières de caractériser un nom ?

1. ............................................................................................
..................................................................................................
..................................................................................................
..................................................................................................

2. ............................................................................................
..................................................................................................
..................................................................................................
..................................................................................................
..................................................................................................

3. ............................................................................................
..................................................................................................
..................................................................................................
..................................................................................................

4. ............................................................................................
..................................................................................................
..................................................................................................
..................................................................................................

### 4. Par deux, proposez une problématique en relation avec chacun des documents sonores écoutés.
- Discutez avec les autres groupes de l'intérêt de chacune des problématiques proposées.

# OUTILS GRAMMATICAUX – LE GROUPE NOMINAL

## Caractérisation du nom par un adjectif

• Les adjectifs sont généralement placés derrière le nom, particulièrement lorsqu'ils sont accompagnés d'un adverbe (sauf pour les adverbes de quantité : 2 possibilités).
*Une voiture magnifique = Une magnifique voiture. Une voiture vraiment magnifique.*
*Une sortie agréable = Une agréable sortie. Une sortie très agréable = Une très agréable sortie.*

• Ils sont aussi placés derrière le nom lorsqu'ils sont complétés par un groupe prépositionnel.
*Un film agréable à regarder. Une tenue facile à porter. Un livre difficile à comprendre.*

Les adjectifs placés devant le nom.
• Les adjectifs numéraux ordinaux : *premier, deuxième, troisième …*
• Les adjectifs : *petit, grand, nouveau, vieux, gros, bon, meilleur, mauvais, beau, joli …*

Les adjectifs toujours placés derrière le nom.
• Les adjectifs de nationalité – *Un étudiant espagnol, un film coréen, un livre anglais …*
• Les adjectifs de forme et de couleur – *Une boîte carrée, un pull bleu, une robe vert clair …*
• Les adjectifs dérivés d'un participe passé – *Une personne fatiguée, des légumes cuits …*
• Les adjectifs dérivés d'un nom – *Une construction monumentale, un roman policier …*

Quelques adjectifs dont le sens change en fonction de leur place.
**dernier** – *L'année dernière (précédente)/la dernière année (finale)* – **drôle** – *Une histoire drôle (amusante)/une drôle d'histoire (étrange)* – **curieux** – *Un curieux personnage (étrange)/un personnage curieux (indiscret)* – **ancien** – *Mon ancien appartement (où j'habitais avant)/un appartement ancien (≠ moderne)* – **sale** – *Une sale histoire (qui est source d'ennuis)/un vêtement sale (≠ propre)* – **propre** – *Ma propre fille (la mienne)/une fille propre (≠ sale)* – **seul** – *Un seul homme (unique)/un homme seul (sans ami).*

## Caractérisation du nom par une subordonnée relative

• *Le cinéma **qui** est sur la place, **que** je préfère, **dont** tout le monde parle, **dont** les fauteuils sont confortables, **où** je vais, **auquel** je pense, **grâce auquel** je t'ai rencontré, **près duquel** tu habites, **en face duquel** il y a un restaurant, **dans lequel** il y a un piano …*

• *La personne **qui** est là, **que** je connais, **dont** je t'ai parlé, **dont** les yeux sont bleus, **à qui** je parle, **près de qui** je suis bien, **avec qui** je me promène, **grâce à qui** je suis ici …*

## Caractérisation du nom par un groupe prépositionnel

Quelques utilisations des prépositions « à » et « de » :

| à + infinitif = qui sert à | un fer à repasser, une machine à laver, une pince à épiler … |
|---|---|
| à + nom = utilisé pour | un verre à vin, une brosse à dents, un sac à dos … |
| à + nom = avec | une glace à la fraise, une tarte aux pommes, une jupe à fleurs … |
| à + un prix | un livre à dix euros … |

| de + nom = spécificité | une table de jardin, une robe du soir, une voiture de course … |
|---|---|
| de + nom = qui contient | un verre de vin, une bouteille d'huile, un livre d'histoire … |
| de + nom = qui appartient à | le livre de José, la maison du médecin, la porte de l'école |
| de + nom = qui vient de | un poulet de ferme, les légumes du jardin, un étudiant du Japon |
| de + nom = fait avec | une salade de fruits, un gratin de courgettes, un gilet de laine |

Autres exemples de groupes prépositionnels :
*Une chemise sans manches, un téléphone sans fil, une robe en soie, un pull en soldes, une table pour deux, une maison de plain-pied, une voiture d'occasion, un produit de marque, une chambre avec vue …*

## 5. À tour de rôle.

• Quelles sont aujourd'hui les menaces pour la planète ? Proposez chacun à votre tour une phrase utilisant un groupe nominal complexe pour les présenter. Commencez par celles évoquées dans ce dessin, puis ajoutez des idées personnelles.

• Si vous n'avez plus d'idée, vous êtes éliminé et le jeu continue.

## 6. Cherchez des arguments et discutez.

<u>La problématique</u>

*La lutte contre le réchauffement climatique est-elle une priorité ?*

• Répondez à la question posée et choisissez un partenaire qui est de votre avis.
• Par deux, cherchez des arguments et des exemples pour défendre votre position.
• En groupe, présentez vos arguments, vos exemples et discutez avec les autres apprenants pour défendre votre position.

# DOCUMENT SONORE

////////////////////////////////////////////////////////////////////////// Piste 11

## 1. Écoutez le document.
• Prenez des notes.

..................................................................................................
..................................................................................................
..................................................................................................
..................................................................................................
..................................................................................................
..................................................................................................
..................................................................................................
..................................................................................................
..................................................................................................
..................................................................................................
..................................................................................................
..................................................................................................

## 2. Discutez avec les autres apprenants pour contrôler ou compléter vos informations.

## 3. Réécoutez le document. Notez les constructions utilisées pour :

**1.** Concéder puis objecter : (7) ...............................................................
..................................................................................................
..................................................................................................
..................................................................................................
..................................................................................................
..................................................................................................

**2.** Réfuter une idée : (3) ......................................................................
..................................................................................................
..................................................................................................

**3.** Conforter ses idées : (2) ..................................................................
..................................................................................................

## 4. Donnez votre avis et discutez.
• Reformulez ou expliquez chacune des phrases suivantes extraites du document sonore.
• Pour chacune d'elles, discutez avec les autres apprenants pour donner votre avis sur le sujet.
• Pensez à utiliser les outils communicatifs dans la discussion.
• Essayez de convaincre ceux qui ne sont pas d'accord avec vous.

**1.** « Il est nécessaire de lutter contre la pauvreté et contre les inégalités qui sont, semble-t-il, de plus en plus importantes. »
**2.** « Chacun d'entre nous a le devoir de faire ce qu'il peut, à son niveau. »
**3.** « Les pays émergeants veulent se développer et c'est bien naturel. »
**4.** « On a beau avoir conscience des problèmes, cela ne nous permet pas vraiment de les résoudre. »

# OUTILS COMMUNICATIFS

## Concéder – Objecter

• **Bien sûr ... mais .../Certes ... mais .../Bien entendu ... mais ...**
*Certes, le rapport relève des progrès mais la production de gaz carbonique reste globalement très élevée.*

• **Il est vrai que ... mais .../il est exact que ... mais .../il est probable que ... mais ...**
*Il est probable que la disparition des abeilles serait dramatique pour l'agriculture, mais on peut espérer que des mesures seront prises pour éviter cela.*

• **Il est possible que** (+ subjonctif) **... mais .../Il se peut que** (+ subjonctif) **... mais ...**
*Il se peut que les scientifiques aient tort, mais il faut tout de même les écouter.*

## Réfuter une idée

• **Or/En réalité/En fait**
*Chacun pense que sa part de responsabilité est limitée. Or, ce n'est pas le cas, nous avons tous un rôle à jouer dans la protection de notre environnement.*

• **Avec une construction hypothétique.** – *Si le réchauffement climatique n'était pas une réalité, les cinq îles de l'archipel des Salomon en Océanie n'auraient pas disparu !*

## Démentir et se justifier

• **C'est faux/c'est inexact/en aucun cas ... d'ailleurs/du reste/la preuve ...**
*Le tourisme est sans danger pour l'environnement ? En aucun cas ; d'ailleurs de récentes études ont démontré que c'était un important facteur de pollution des eaux.*

• **Il n'est pas question ... d'ailleurs/du reste/la preuve ...**
*Les engrais chimiques sont une grave source de pollution. Du reste, nous venons d'interdire la baignade près des champs traités avec ces engrais.*

## Conforter ses idées

• **D'autant plus ... que .../d'autant moins ... que ...**
*Nous devons donner une seconde vie aux objets qui restent utilisables, d'autant plus que certains ne peuvent pas s'en offrir des neufs. Ces objets sont d'autant plus appréciés qu'ils ne coûtent pas cher.*

• **Non seulement ... mais aussi ...** *Il faut non seulement consommer moins, mais aussi consommer mieux.*

## Exprimer quelques sentiments

### La déception

• **Je suis déçu, dépité, contrarié, chagriné** *par ces mauvaises nouvelles.*
• **Je m'attendais à** *autre chose/à ce que chacun se sente concerné par le problème.*

### L'inquiétude

• **Je suis inquiet** *pour le futur.* **Je me fais du souci** *pour l'avenir.*
• **Ça m'inquiète, ça me soucie, ça me tracasse** *que nous ne puissions pas respecter notre environnement.*

*L'expression des sentiments est suivie de « de » + infinitif ou de « que » + subjonctif :*
*Je suis content/c'est l'horreur/ça me contrarie/je suis déçu/ça ne me dit rien/je regrette/quel dommage/je m'en veux/comme c'est bête ... d'être ici (1 sujet) /que tu sois ici (2 sujets).*

# BD

## UN DIMANCHE SUR LE LITTORAL

- AH NATURE!... QUAND JE SUIS PRÈS DE TOI, JE ME SENS REDEVENIR HOMME DES BOIS!
- "TERMINUS! LE RESTE DE LA BALADE SE FAIT À PIEDS!" HUMPF! YAP!
- REX, VIENS ICI! WAF WAF!!
- HOO.. PAPA, POUR UNE FOIS, LAISSE LE SE PROMENER EN LIBERTÉ!
- "MAIS NON, C'EST INTERDIT... IL POURRAIT MORDRE QUELQU'UN OU DÉRANGER UN NID D'OISEAUX!
- ALLEZ, VA LE CHERCHER, C'EST TON CHIEN APRÈS TOUT!"
- M'ENFIN, LES PLANTES!
- "DES ORCHIDÉES SAUVAGES, UNE ESPÈCE PROTÉGÉE, REGARDE MOI CE GÂCHIS!"
- DIS DONC, L'HOMME DES BOIS, ON LA FAIT CETTE BALADE, OU TU CONTINUES À JOUER LES PÉDAGOGUES??
- ON Y VA MON AMOUR!
- "TOUT LE MONDE EST PRÊT, ALORS EN AVANT!"
- SENTIER DU LITTORAL
- ENTENDEZ-VOUS LE CHANT DES CIGALES?
- "SI TU TE TAISAIS UN PEU..." CRI CRI CRI
- QUEL SPECTACLE ET PAS UNE MAISON.
- "AVOUEZ QUE ÇA VALAIT LE COUP DE MARCHER UN PEU!"
- TOUS À L'EAU AVANT LE DÉJEUNER!
- QUELQUES BRASSES PLUS TARD... À TABLE!
- "NE JETEZ PAS VOS DÉTRITUS, DONNEZ LES AU SAC-POUBELLE!"
- "...OU À REX..." TIENS GOINFRE!
- "VOUS POUVEZ RETOURNER JOUER LES ENFANTS!"
- "LOURDE TÂCHE QUE D'ÉLEVER SES ENFANTS DANS LE RESPECT DE LA NATURE..."
- "...MAIS JE PENSE QUE, GRÂCE À CELA, ILS AURONT COMPRIS QUE..."
- "...L'ENVIRONNEMENT, C'EST L'AFFAIRE DE TOUS!"
- FIN

## QUELQUES REGLES SIMPLES

Les dunes sont maintenues et protégées grâce à une végétation fragile. Evitez de la piétiner.

Pour limiter l'érosion, la dégradation de la végétation et souvent pour assurer votre sécurité, ne marchez pas hors des sentiers.

Pour préserver la tranquilité de la faune, il est préférable de tenir votre chien en laisse.

Motos et voitures tout-terrain perturbent la tranquilité des lieux, détruisent la flore et accélèrent l'érosion. Elles sont interdites.

Pour que les sentiers soient toujours fleuris et protéger les plantes rares, évitez de cueillir les fleurs.

Parce que les ordures s'accumulent et que les risques d'incendie sont trop importants, il est interdit de camper.

Pour que la nature soit toujours accueillante, n'abandonnez aucun détritus. Ne les jetez pas non plus dans la mer, le milieu marin est fragile.

Il faut cinquante ans pour faire un arbre, quelques secondes pour le détruire. Il est interdit de fumer et d'allumer le moindre feu.

JM. Ucciani – www.ucciani-dessins.com

## 1. Par deux, discutez et mettez-vous d'accord.

1. Dans quel but, selon vous, cette bande dessinée a-t-elle été faite ? Justifiez votre réponse.
2. Pensez-vous qu'elle soit efficace ? Pourquoi ?
3. Cette famille est-elle vraiment exemplaire ?
4. Quelle méthode, le père a-t-il choisi pour faire passer son message sur l'environnement ?
5. Que pensez-vous du personnage du père ?
6. Relevez les différentes choses qu'il fait, ou demande de faire aux enfants, pour respecter l'environnement ainsi que les consignes formulées en bas et à droite de la planche.

• Classez-les de la plus importante à la moins importante.

................................................................................................................................
................................................................................................................................
................................................................................................................................
................................................................................................................................
................................................................................................................................
................................................................................................................................

• Comparez votre classement à celui des autres groupes et discutez si vous n'êtes pas d'accord.

## 2. Exprimez votre opinion.

• En groupe, donnez spontanément votre avis sur les questions suivantes et discutez avec les autres apprenants.
1. L'attitude de ce père de famille est-elle fréquente ou au contraire, marginale ?
2. Quels autres gestes simples pouvons-nous faire quotidiennement pour protéger l'environnement ?
3. Quels sont les déchets qui vous paraissent les plus menaçants pour la planète ? Pourquoi ?
4. Le respect de l'environnement est-il aujourd'hui un objectif prioritaire pour tout le monde ?
5. Quels sont les moyens mis à notre disposition pour respecter l'environnement ?
6. Pensez-vous qu'ils soient les mêmes dans tous les pays ? Expliquez votre réponse.
7. Selon vous, les états font-ils tout ce qui est possible pour protéger la planète ? Expliquez votre réponse.

• Prenez position. Donnez votre opinion sur chacune des questions posées, écoutez les idées et les arguments des autres apprenants et discutez pour défendre votre position.
• Pensez à utiliser les outils communicatifs : faites des concessions, des objections, confortez vos idées et réfutez les arguments des autres. Exprimez vos déceptions et vos inquiétudes

## 3. Cherchez des arguments et discutez.

<u>La problématique</u>

*Éducation ou répression ? Quelle méthode choisir pour faire respecter l'environnement ?*

• En groupe, reformulez la problématique comme vous le feriez dans l'introduction d'une présentation orale.
• Répondez à la question posée et choisissez un partenaire qui est de votre avis.
• Par deux, cherchez des idées, des arguments et des exemples pour défendre votre position.
• En groupe, présentez vos idées, vos arguments, vos exemples et discutez avec les autres apprenants pour défendre votre position.
• Pensez à utiliser les outils communicatifs.

# DOCUMENT SONORE

////////////////////////////////////////////////////////////////////////////// **Piste 12**

## « Le gaspillage »

**1.** Écoutez le document et prenez des notes.

**2.** Discutez avec les autres apprenants pour contrôler ou compléter vos informations.

**3.** Exercices lexicaux.

• Par deux, reformulez les phrases, les expressions, ou les mots extraits du document.

**1.** (le) gaspillage
..........................................................................................................................

**2.** nous sommes particulièrement sensibilisés au (gaspillage alimentaire)
..........................................................................................................................

**3.** ... qui atteint des proportions inadmissibles
..........................................................................................................................

**4.** les campagnes d'information menées par (le ministère de l'environnement) vont porter leurs fruits
..........................................................................................................................

**5.** prendre conscience (des problèmes)
..........................................................................................................................

**6.** le combat n'est pas gagné
..........................................................................................................................

**7.** Certaines sont à la pointe du tri sélectif
..........................................................................................................................

**8.** (d'autres) traînent un peu à mettre en place des systèmes lourds et coûteux
..........................................................................................................................

**9.** il ne faut pas perdre de vue que le principal objectif ...
..........................................................................................................................

**10.** les dates de péremption
..........................................................................................................................

**11.** il m'arrive de ...
..........................................................................................................................

**12.** à la décharge des industriels
..........................................................................................................................

**13.** (ses qualités) gustatives ou nutritives
..........................................................................................................................

## 4. Cherchez des arguments et discutez.

<u>La problématique</u>

*Le gaspillage est-il inhérent à notre société moderne ?*

• Prenez position sur la question posée et choisissez un partenaire qui est de votre avis.
• Par deux, cherchez des idées, des arguments et des exemples pour défendre votre position.
..........................................................................................................................

DOSSIER 4 /// Développement durable /// 74

..........................................................................................................
..........................................................................................................
• Pour chaque argument, cherchez un exemple qui puisse l'illustrer.
..........................................................................................................
..........................................................................................................
..........................................................................................................
• Organisez vos idées en suivant un ordre cohérent.
• Présentez vos idées, vos arguments et vos exemples aux autres apprenants.
• Discutez pour défendre votre position.

## MÉTHODOLOGIE – ARGUMENTER

### Pour introduire une opposition
• **alors que/tandis que** (+ indicatif) (marquent l'opposition mais aussi une simple différence) – *Les poubelles grises sont pour les déchets non recyclables alors que les poubelles jaunes sont pour les déchets recyclables.*
• **autant … autant …** (+ indicatif) – *Autant nous sommes attentifs à notre consommation d'eau, autant nous n'hésitons pas à gaspiller de l'essence pour nous déplacer.*
• **au contraire/à l'opposé/en revanche/par contre** – *Certaines personnes font des efforts pour respecter l'environnement ; en revanche, d'autres ne s'en soucient pas.*
• **contrairement à/à l'inverse de/à l'opposé de** (+ nom éventuellement complété par une subordonnée relative) – *Nos voisins recyclent leurs bouteilles vides contrairement aux vôtres qui les jettent n'importe où.*
• **à la place de/au lieu de** (+ nom) – *Nous utilisons maintenant un composteur à la place de la poubelle rouge réservée aux déchets organiques.* – **au lieu de** (+ infinitif) – *Au lieu de consommer des méduses, les tortues marines absorbent des sacs en plastique qui les tuent.*

### Pour introduire une concession
• **malgré/en dépit de** (+ nom) – *Malgré les recommandations de la mairie, il ne trie pas ses déchets.*
• **même si** (+ indicatif) – *Même si les produits biologiques coûtent plus cher, nous en achetons.*
• **bien que/quoique** (+ phrase au subjonctif) – *Bien que les ressources naturelles se raréfient, nous continuons à les gaspiller.*
• **quand bien même** [+ conditionnel (irréel)] – *Quand bien même tous les toits de Paris seraient transformés en jardins, la ville ne pourrait pas être auto-suffisante.*
• **mais/pourtant/cependant/néanmoins/toutefois.** – *Le niveau de pollution en ville ne diminue pas, pourtant la circulation y est interdite depuis deux jours.*
• **malgré tout** – *Nous faisons ce que nous pouvons pour limiter nos déchets. Malgré tout, nous en produisons encore beaucoup trop./Nous en produisons malgré tout encore beaucoup trop.*
• **avoir beau** (+ infinitif) – *Nous aurons beau faire des efforts, cela ne suffira pas à sauver la planète.*
• **quand même – tout de même** – *Nous savons que consommer trop de viande nuit à l'environnement. Nous en consommons quand même.*
• **tout**/adjectif/**que** [+ phrase à l'indicatif (fait réel)/+ phrase au subjonctif (fait imaginaire)] *Tout respectueux de l'environnement qu'il est/qu'il soit, il ne changera rien tout seul.*
• **n'empêche que/il n'en demeure pas moins que/il n'en reste pas moins que** – *Les pesticides contaminent les fruits ; n'empêche que nous continuons à les utiliser.*
• **quel/quelle/quels/quelles que** (+ subjonctif) – *Quels que soient ses efforts, il ne parvient pas toujours à convaincre.*

# ENTRAÎNEZ-VOUS POUR LE DALF C1 – 1er sujet

## 1. Lisez le 1er document.

### Comment bien choisir son panier bio, locavore, ou Amap

Vous avez décidé de délaisser le rayon fruits et légumes du supermarché pour acheter un panier bio ou locavore* ? (...) Voici ce qu'il faut savoir avant de se lancer. (...)

**Quel est le principe des paniers ?**

Il s'agit avant tout de recevoir un assortiment de fruits, légumes ou autres produits fermiers de saison. « Le point commun entre toutes ces formules, c'est de prendre ce qui vient. Il y a un aspect découverte, qui peut nous pousser à manger des choses que l'on n'a pas l'habitude de cuisiner. (...) »

**Comment choisir ?**

(...) On peut acheter des paniers en circuit 100 % court, sans aucun intermédiaire. Dans les Amap (Associations pour le maintien d'une agriculture paysanne), les agriculteurs touchent ainsi la totalité du prix du produit. Mais d'autres solutions sont bien plus éloignées de la vente directe, comme lorsqu'une entreprise prend par exemple 40 % de marge sur le prix du panier pour son fonctionnement et les livraisons.

**Pourquoi choisir des paniers ?**

Le premier avantage, c'est l'assurance d'une sélection de produits issus de l'agriculture biologique et/ou locaux, en fonction de votre choix. (...)

En outre, comme la quantité de fruits et légumes nécessaires pour une commande ou une distribution est prévue à l'avance, « on ne jette rien, et on ne stocke pas. Cela nous permet de travailler avec certaines variétés plus fragiles mais avec plus de qualités gustatives », explique Yoann Alarçon, directeur de *Potager City*. Les produits des paniers sont donc souvent récoltés la veille ou l'avant-veille : fraîcheur garantie. Quant aux prix, ils peuvent aller du simple au double, en fonction des sites et structures. (...)

**Les paniers directement à la ferme**

Certains agriculteurs proposent des paniers préparés, à aller chercher directement à la ferme. *Les plaisirs du Jardin* concoctent ainsi divers assortiments de légumes, qu'il est possible de récupérer – entre autres – à la ferme, à Cergy.

L'adhésion à une Amap est une vraie démarche associative : des consommateurs se regroupent pour préfinancer des producteurs, grâce à un engagement sur un certain nombre de paniers, sur une saison ou une année. Ensuite, il s'agit de venir chercher son panier (très souvent bio) chaque semaine, et d'assurer de temps en temps la distribution en tant que bénévole.

Autre système solidaire, le *Réseau Cocagne*, qui compte près de 110 « Jardins de Cocagne » en France. Julie Gendron, directrice de l'association *Le Terreau*, à Cruas, en Ardèche, explique le principe : « Nous employons ici 24 personnes en réinsertion, en leur proposant un accompagnement vers le retour à l'emploi ou à la formation. » Des ouvriers maraîchers, des livreurs ou des préparateurs de paniers, travaillent ainsi dans chaque *Jardin de Cocagne*, tout en étant suivis et conseillés dans leur démarche de réinsertion professionnelle.

« Il y a également un aspect environnemental, car il s'agit de maraîchage bio, mais aussi un lien avec la société civile : nous distribuons les paniers de légumes à un réseau de consommateurs locaux, membres de l'association, qui adhèrent au projet », souligne encore Julie Gendron. Les livraisons sont assurées dans des lieux de dépôts (boutiques ou particuliers) et dans des entreprises. En outre, des consommateurs en situation de précarité peuvent bénéficier de prix très réduits sur ces paniers, grâce au financement de plusieurs structures. C'est « une manière de rendre plus accessible ces produits frais et bio. (...) ».

Lucie De La Héronnière – 04/03/2016 lexpress.fr/styles

*Être locavore : consommer des aliments de saison produits localement.*

## 2. Exercices lexicaux.

• Par deux, reformulez les phrases, les expressions ou les mots suivants.

**1.** c'est de prendre ce qui vient.
..................................................................................................................

**2.** en circuit 100 % court
..................................................................................................................

**3.** 40 % de marge
..................................................................................................................

**4.** concoctent ainsi divers assortiments de légumes
..................................................................................................................

**5.** préfinancer des producteurs
..................................................................................................................

**6.** en tant que bénévole
..................................................................................................................

**7.** Des ouvriers maraîchers, des livreurs
..................................................................................................................

**8.** leur démarche de réinsertion professionnelle
..................................................................................................................

**9.** des consommateurs en situation de précarité
..................................................................................................................

## 3. Lisez le second document.

### Le bonheur est dans le pré de ce paysan breton

Comme Cédric Briand, des éleveurs misent sur un lien plus étroit avec leurs consommateurs pour faire rimer labeur avec bonheur.

(...)
Des « paysans heureux » ? En ces temps de grande déprime agricole, l'expression sonne comme un oxymore. Faire rimer labeur avec bonheur est pourtant possible : « *Je suis motivé et heureux d'aller au travail* », assure Cédric Briand, au milieu d'un paisible troupeau noyé dans la verdure du bocage breton. (...) Avenant et volubile, ce fermier bio de 41 ans n'hésite pas à utiliser les grands mots : « satisfaction du travail accompli », « accomplissement d'idéaux », « fidélité à des valeurs ». « *Les choses s'équilibrent* », constate ce père de deux enfants marié à une infirmière libérale.

#### Sauvegarde d'une race locale

Pour lancer son projet de groupement agricole d'exploitation en commun (GAEC), il lui a fallu se battre contre le scepticisme des banquiers. Cédric faisait le pari du bio, de la sauvegarde de la race locale et des circuits courts. « *Non viable* », « *atypique* », « *trop peu de surface* », « *pas assez de production* » : les financeurs ne se bousculaient pas au portillon. Douze ans plus tard, le GAEC a trouvé sa vitesse de croisière. Cédric et ses deux associés s'octroient chacun un salaire de 1 500 euros net après remboursement des emprunts et règlement des dépenses liées à l'exploitation de 45 vaches laitières sur une surface de 60 hectares.

Travailler pour vivre et non vivre pour travailler 365 jours sur 365 : c'est la philosophie de ce trio de paysans bretons. À défaut de connaître la semaine de 35 heures, Cédric, Hervé et Mathieu s'autorisent chacun deux week-ends de repos sur trois et cinq semaines de congés payés par an. Un salaire correct et un bon équilibre travail-famille : ces deux conditions sont nécessaires mais loin de suffire à cette « *réalisation de soi* » à laquelle aspire Cédric Briand. C'est sa bretonne pie noir* au pelage bicolore (comme la pie) qui vient compléter le tableau de ce bonheur dans le pré version breizh*. (...)

Raillée pour sa petite taille, délaissée pour sa faible productivité, la Cendrillon des prairies bretonnes aurait totalement disparu sans l'obstination d'une poignée de doux rêveurs soixante-huitards qui se battaient alors contre le scepticisme ambiant pour sauvegarder la race. La pie noir compte aujourd'hui 2 000 têtes de bétail et un réseau de 70 éleveurs professionnels.

La faiblesse passée de la bretonne est devenue aujourd'hui sa force : elle fournit en petites quantités un lait nourrissant et typique qui plaît aux consommateurs lassés des goûts standardisés. À la ferme des Sept-Chemins, Cédric et ses associés fabriquent eux-mêmes beurre, crème, fromages frais, tomme et « gwell », un lait fermenté de grand-mère. Ces produits rustiques au goût crémeux sont ensuite directement vendus à la ferme, à des AMAP situées à Nantes, ces associations de mise en relation entre producteurs et consommateurs, ainsi qu'à des restaurateurs des environs. (...)

**Donner envie aux agriculteurs**

« *Et puis, il y a la reconnaissance sociétale* », ajoute Cédric, bien conscient de l'image dégradée dont souffre l'agriculture conventionnelle. (...) S'il ne cherche pas à faire du prosélytisme, il pense tout de même que son histoire peut « *donner envie aux agriculteurs qui sont dans l'adversité et se posent des questions* ». (...)

Christian Roudaut – 23.12.2016 – Le magazine du Monde

*Breizh : mot breton pour désigner la Bretagne*
*bretonne pie noir : race de vache laitière.*

## 4. Exercices lexicaux.

• Par deux, reformulez les phrases, les expressions ou les mots suivants.

**1.** (des éleveurs) misent sur un lien plus étroit avec (leurs consommateurs)

..................................................................................................................................

**2.** faire rimer labeur avec bonheur

..................................................................................................................................

**3.** l'expression sonne comme un oxymore

..................................................................................................................................

**4.** Avenant et volubile, (ce fermier bio de 41 ans) n'hésite pas à utiliser les grands mots

..................................................................................................................................

**5.** Cédric faisait le pari du bio, de la sauvegarde de la race locale

..................................................................................................................................

**6.** les financeurs ne se bousculaient pas au portillon

..................................................................................................................................

**7.** sa vitesse de croisière

..................................................................................................................................

**8.** (Cédric et ses deux associés) s'octroient (chacun un salaire)

..................................................................................................................................

**9.** À défaut de connaître la semaine de 35 heures

..................................................................................................................................

**10.** cette « *réalisation de soi* » à laquelle aspire Cédric Briand

..................................................................................................................................

**11.** Raillée pour sa petite taille

..................................................................................................................................

**12.** une poignée de doux rêveurs soixante-huitards

..................................................................................................................................

**13.** lassés des goûts standardisés

..................................................................................................................................

**14.** l'image dégradée dont souffre l'agriculture conventionnelle

..................................................................................................................................

**15.** faire du prosélytisme

..................................................................................................................

**16.** qui sont dans l'adversité

..................................................................................................................

## 5. Par deux, préparez l'exposé oral.
• Relevez dans les textes proposés les idées principales et les exemples qui vous seront utiles pour préparer un exposé sur le thème :

*L'élevage et l'agriculture biologiques sont-ils une solution d'avenir ?*

..................................................................................................................
..................................................................................................................
..................................................................................................................
..................................................................................................................
..................................................................................................................
..................................................................................................................

• Proposez des idées et des arguments complémentaires ou contradictoires sur le même sujet. Cherchez des exemples pour illustrer vos idées.

..................................................................................................................
..................................................................................................................
..................................................................................................................
..................................................................................................................
..................................................................................................................
..................................................................................................................

• Sélectionnez les trois ou quatre idées principales que vous souhaitez retenir pour l'exposé. Organisez-les selon un ordre logique. Ajoutez des idées secondaires.

..................................................................................................................
..................................................................................................................
..................................................................................................................
..................................................................................................................
..................................................................................................................
..................................................................................................................

• Reformulez la problématique pour préparer l'introduction.

..................................................................................................................
..................................................................................................................

• Formulez clairement votre réponse à la question posée pour la conclusion.

..................................................................................................................
..................................................................................................................

## 6. Introduisez le sujet et discutez.
• Un binôme introduit le sujet et présente brièvement ses arguments.
• Posez-leur des questions pour qu'ils précisent leurs idées ou qu'ils les illustrent par des exemples.
• Présentez vos arguments et vos exemples s'ils sont différents.
• Discutez pour défendre votre position.

# ENTRAÎNEZ-VOUS POUR LE DALF C1 – 2ᵉ sujet

## 1. Lisez le 1ᵉʳ document.

### Les conséquences négatives du tourisme

**Nous aimons tous nous détendre sur une plage paradisiaque, visiter des temples anciens, et apprécier des cultures différentes de la nôtre ... Nous devons pourtant également être conscients des conséquences négatives du tourisme sur l'environnement.**

Qui dit tourisme de masse, dit croissance économique pour la zone. Cela va souvent de pair : commerces dynamisés, entrée de devises étrangères, popularité croissante... Alors que les compagnies aériennes low-cost sont de plus en plus nombreuses, il est également facile pour de petites destinations d'attirer plus de touristes. Plus facile aussi, forcément, pour ces touristes de voyager plus loin, et s'offrir de belles vacances. Selon le magazine *Vivez Nature*, en 1950, on dénombrait 25 millions de touristes annuels, passé à plus de 800 millions dès le début des années 2000. L'Organisation Mondiale du Tourisme, elle, prévoit 1,6 milliard de touristes d'ici à 2020 ! Si le commerce mondial va en bénéficier, qu'en est-il de notre planète ?

**1 – Utilisation démesurée des ressources naturelles**

L'eau douce, notamment, consommée en abondance par les hôtels pour les piscines, terrains de golf, et tout simplement par les clients. Selon le site Voyageons Autrement et Citoyens de la Terre, 400 litres d'eau douce sont utilisés par jour et par touriste. L'hyper-utilisation des ressources naturelles ne se limite pas à l'eau, elle concerne également les minéraux, carburants fossiles, forêts, paysages sauvages ... Construire de nouveaux complexes hôteliers, des routes ... cela veut aussi dire participer à la déforestation de notre planète, bien souvent non contrôlée. Les éclaircissements intempestifs de massifs ou feux de bois provoquent une érosion des sols, entraînant inondations et glissements de terrain.

**2 – Pollutions et effet de serre**

Le tourisme est une industrie. Et comme n'importe quelle industrie, elle émet de la pollution : de l'air, de l'eau, des bruits, des déchets, des résidus chimiques... À titre d'exemple, un bateau de croisière produit 7 000 tonnes de déchets par an. Le tourisme, c'est aussi 60 % du trafic aérien, c'est donc une source majeure d'émission de gaz à effet de serre. Toujours selon les sources mentionnées plus haut, un trajet France – États-Unis équivaut à la consommation de chauffage, éclairage, transports quotidiens locaux ... d'une personne pendant 6 mois.

**3 – Biodiversité en péril**

Si les milieux riches en biodiversité sont les plus populaires auprès des touristes, ils sont aussi les plus sensibles et vulnérables. La sur-construction et sur-fréquentation des zones littorales mettent en péril les récifs coralliens et les écosystèmes, très fragiles. Selon le Programme des Nations Unies pour l'Environnement, sur les 109 pays qui possèdent des récifs coralliens, 90 d'entre eux voient leurs coraux endommagés par les déchets jetés par les touristes. À noter également que les piétinements excessifs provoquent des dégradations réelles lorsque les touristes s'aventurent en dehors des sentiers balisés. Selon le PNUE*, sur la côte méditerranéenne, les ¾ des dunes de sables ont disparu suite à l'urbanisation touristique.

Mathilde L – 27 octobre 2016 – https://besight.fr

Sources : *Voyageons Autrement, Citoyens de la Terre, Vivez Nature*

PNUE : Programme des Nations Unies pour l'Environnement.

## 2. Exercices lexicaux.

- Par deux, reformulez les phrases ou expressions suivantes.

1. Qui dit tourisme de masse, dit croissance économique

........................................................................

2. Cela va souvent de pair

........................................................................

**3.** Qu'en est-il de notre planète ?
..................................................................................................................

**4.** L'eau douce
..................................................................................................................

**5.** (les) carburants fossiles
..................................................................................................................

**6.** Les éclaircissements intempestifs de massifs
..................................................................................................................

**7.** une érosion des sols
..................................................................................................................

**8.** elle émet (de la pollution)
..................................................................................................................

**9.** émission de gaz à effet de serre
..................................................................................................................

**10.** un trajet France – États-Unis équivaut à la consommation de chauffage …
..................................................................................................................

**11.** ils sont aussi les plus sensibles et vulnérables.
..................................................................................................................

**12.** mettent en péril
..................................................................................................................

**13.** 90 d'entre eux voient leurs coraux endommagés
..................................................................................................................

**14.** les piétinements excessifs
..................................................................................................................

**15.** en dehors des sentiers balisés
..................................................................................................................

## 3. Lisez le second document.

### TOURISME ET DÉVELOPPEMENT DURABLE, EST-CE COMPATIBLE ?

**ACTUALITÉ –** En 2015, le tourisme global représentait environ 10 % du PIB mondial. Les pays en développement voient dans l'industrie du tourisme un important vecteur de croissance économique. Cependant, le tourisme pose de nombreux problèmes en matière environnementale et de droits humains. Quel rôle joue le tourisme dans l'économie mondiale ? Quels sont les effets environnementaux et sociaux du tourisme sur les pays hôtes ? Comment le tourisme peut-il être encadré au niveau global et local ? Explications.

**Les effets ambivalents du tourisme global**

Au niveau global, le tourisme joue un rôle ambivalent. Depuis soixante ans, le nombre de touristes internationaux n'a cessé de croître. Selon l'Organisation mondiale du tourisme (OMT), les arrivées de touristes internationaux sont passées de 25 millions en 1950 à 435 millions en 1990. (…) Depuis les années 1990 le tourisme dans le monde n'a cessé d'augmenter, pour atteindre 1 milliard et 186 millions d'arrivées de touristes en 2015. L'OMT estime que le nombre d'arrivées atteindra 1.8 milliards d'ici 2030.

Le tourisme est devenu l'un des plus gros secteurs économiques dans le monde. Aujourd'hui, il représente environ un dixième du PIB* mondial. Un emploi sur onze dans le monde a été créé, directement ou indirectement, par l'industrie du tourisme. Dans certains pays en développement, le tourisme est perçu comme un véritable moteur de développement économique. Cependant, un pourcentage important des 280 millions d'emplois sont précaires et beaucoup relèvent du secteur informel, qui ne propose pas de sécurité sociale ou de protection légale.

À l'échelle globale, le tourisme contribue au changement climatique. Les vols touristiques produisent davantage d'émissions de $CO_2$ que l'ensemble des activités locales réalisées par les touristes. Aujourd'hui, l'aviation représente 5 % de l'ensemble des émissions de $CO_2$ dans le monde. Selon une étude publiée récemment pour le Parlement européen, elle représentera en 2050 environ 22 % des émissions si aucune mesure de réduction significative n'est prise. Au niveau local, le tourisme conduit à une consommation intensive des ressources comme l'eau, la terre ou la nourriture. Mais dans un même temps, il peut permettre de financer des projets de protection et de préservation de l'environnement.

Le tourisme peut poser problème en matière de droits de l'homme. Il peut mener au déplacement de populations, par exemple lors de la construction d'hôtels ou de privatisations de terres pour les aéroports ou les terrains de golf. Il peut également conduire au travail forcé. (...) Il peut enfin renforcer la prostitution infantile. (...)

Le tourisme global produit à la fois des effets positifs et des effets négatifs. Il nécessite donc un encadrement international et national afin d'être bénéfique pour tous.

**Pour un tourisme durable respectant les droits humains**

Les objectifs du Développement durable de l'ONU reconnaissent l'importance économique du tourisme tout en l'encadrant par des standards sociaux et environnementaux. (...)

En 2016, plusieurs ONG* ont publié un document demandant que l'industrie du tourisme s'inscrive plus explicitement dans le cadre de l'Agenda 2030. Ils demandent que davantage d'incitations et de lois contraignantes soient mises en place afin que les États, les entreprises et les touristes respectent davantage les droits de l'homme et l'environnement. La définition du tourisme durable proposée par l'OMT devrait également mentionner explicitement le respect des droits de l'homme.

Le développement du tourisme durable passe également par l'insertion des populations locales dans les processus de décisions relatifs au tourisme, afin d'anticiper de futurs conflits. Il nécessite aussi la mise en œuvre de programmes de sensibilisation du grand public aux effets négatifs du tourisme en matière de droits humains et d'environnement. Une prise de conscience collective pourrait inciter les états et l'industrie à davantage de transparence pour attirer des touristes sensibilisés à l'importance du développement durable.

FL – Assistant de recherche au CIPADH – 03/11/2016 – http://www.cipadh.org

*PIB : Produit Intérieur Brut*
*ONG : Organisation Non Gouvernementale*
*CIPADH : Centre International pour la Paix et les Droits de l'Homme*

## 4. Exercices lexicaux.

• Par deux, reformulez les mots, les phrases ou expressions suivantes.

**1.** Est-ce compatible ?

..................................................................................

**2.** un important vecteur de croissance économique

..................................................................................

**3.** (les pays) hôtes

..................................................................................

**4.** (Comment le tourisme peut-il) être encadré

..................................................................................

**5.** Les effets ambivalents du tourisme global

..................................................................................

**6.** (le nombre de touristes internationaux) n'a cessé de croître

..................................................................................

**7.** (le tourisme) est perçu comme un véritable moteur de développement

..................................................................................

**8.** un pourcentage important des 280 millions d'emplois sont précaires et beaucoup relèvent du secteur informel

..................................................................................

**9.** À l'échelle globale

..................................................................................................................................................

**10.** Il nécessite donc un encadrement international

..................................................................................................................................................

**11.** davantage d'incitations et de lois contraignantes

..................................................................................................................................................

**12.** l'insertion des populations locales dans les processus de décisions

..................................................................................................................................................

**13.** la mise en œuvre de programmes de sensibilisation du grand public

..................................................................................................................................................

## 5. Par deux, préparez l'exposé oral.
- Procédez comme pour le 1er sujet. Prenez position sur la question posée et choisissez un partenaire qui est de votre avis.
- Relevez dans les textes proposés les idées principales et les exemples qui vous seront utiles pour préparer un exposé sur le thème :

*Faut-il limiter le tourisme dans le monde ?*

- Proposez des idées et des arguments complémentaires ou contradictoires sur le même sujet. Cherchez des exemples pour illustrer vos idées. Pensez à élargir le sujet en envisageant différentes formes de tourisme et leurs conséquences positives ou négatives.
- Sélectionnez les trois ou quatre idées principales que vous souhaitez retenir pour l'exposé.

..................................................................................................................................................
..................................................................................................................................................
..................................................................................................................................................

- Organisez-les selon un ordre logique. Ajoutez des idées secondaires. Proposez des exemples.
- Reformulez la problématique pour préparer l'introduction.

..................................................................................................................................................
..................................................................................................................................................

- Formulez clairement votre réponse à la question posée.

..................................................................................................................................................
..................................................................................................................................................

## 6. Introduisez le sujet et discutez.
- Un binôme introduit le sujet et présente brièvement ses arguments.
- Posez-leur des questions pour qu'ils précisent leurs idées, ou qu'ils les illustrent par des exemples.
- Présentez vos arguments et vos exemples s'ils sont différents.
- Discutez pour défendre votre position.

## 7. Discutez spontanément.
- En groupe, expliquez la problématique.

*Le tourisme est-il réellement une chance pour les pays en voie de développement ?*

- En utilisant les mêmes textes comme sources d'informations, prenez spontanément position sur le thème proposé.
- Donnez votre opinion et argumentez pour convaincre les autres apprenants.
- Pensez à articuler votre discours de façon claire et cohérente.

# Bilan

*(1 point par réponse)*

### Reformulez ces phrases pour n'en faire qu'une. Remplacez ce qui caractérise le nom par un groupe prépositionnel.

« Tu veux ces verres ? On s'en sert pour boire du vin. »

**1.** « ................................................................................................................ »

« Je voudrais de l'eau. Donne m'en un verre. »

**2.** « ................................................................................................................ »

« Je voudrais réserver une table. Nous sommes deux. »

**3.** « ................................................................................................................ »

### Complétez avec les relatifs simples ou composés qui conviennent à cette présentation sur : « Les décroissants. »

Les décroissants sont des gens .......................... **(4)** pensent que l'on peut vivre mieux en consommant moins. Pour cela, il faut accepter de se séparer des choses .......................... **(5)** on n'a pas absolument besoin, comme la voiture par exemple. Il serait très souvent possible de la remplacer par le vélo grâce .......................... **(6)** nos villes seraient moins bruyantes et moins polluées. Le mode de vie .......................... **(7)** ils proposent est à la fois plus sain, plus économique et plus respectueux de l'environnement que le nôtre. Par ailleurs, ils refusent d'utiliser les objets jetables .......................... **(8)** nous encombrons nos poubelles et .......................... **(9)** nous gaspillons des matières premières. L'essentiel pour eux, ce sont les relations humaines et le respect de la nature, et non un salaire élevé .......................... **(10)** ils renoncent sans regrets.

### Répondez à cette déclaration en faisant une concession et une objection. Utilisez une forme différente à chaque fois.

« Faire pousser des légumes sur les toits de Paris est une excellente idée. »

**11.** « ................................................................................................................ »

**12.** « ................................................................................................................ »

**13.** « ................................................................................................................ »

### Réfutez cette même affirmation et justifiez-vous. Utilisez deux formes différentes.

**14.** « ................................................................................................................ »

**15.** « ................................................................................................................ »

## Prenez position et confortez vos idées. Utilisez deux formes différentes.

« Personne ne veut respecter l'environnement ! »

**16.** « ................................................................................................................ »

**17.** « ................................................................................................................ »

## Exprimez votre déception (18), puis votre inquiétude (19).

« Peu de gens s'impliquent dans le nettoyage des plages. »

**18.** « ................................................................................................................ »

**19.** « ................................................................................................................ »

## Complétez ces extraits de présentation en introduisant comme il convient les oppositions et les concessions.
## Chaque articulateur ne peut être utilisé qu'une fois.

a) « **Le commerce équitable** » ........................ **(20)** nous soyons tous sensibilisés aux difficultés des pays en voie de développement, nous ne sommes pas toujours prêts à payer le prix du commerce équitable. ........................ **(21)**, nous savons bien que chacun doit pouvoir vivre de son travail. ........................ **(22)** nous, un grand nombre d'habitants de ces pays doivent travailler dans des conditions difficiles et pour la plupart, sans système social pour les protéger. Nous savons très bien aussi que parfois, de très jeunes enfants sont contraints de travailler ........................ **(23)** nous n'accepterions pas cela chez nous. ........................ **(24)** nous continuons à acheter des produits manufacturés à des prix tellement bas que nous ne pouvons qu'être jugés complices de cette exploitation.

b) « **La pollution au quotidien** » Quel plaisir de passer une journée à la campagne ! Tout semble parfait ........................ **(25)** l'eau de la rivière, transporte de nombreux micropolluants, des résidus de médicaments par exemple. ........................ **(26)**, l'eau paraît si claire que l'on ne soupçonne rien. ........................ **(27)**, les canettes de boisson jetées au pied des arbres sont moins discrètes. ........................ **(28)** elles n'y seraient pas, il y aurait ........................ **(29)** quelques papiers toilette, éparpillés çà et là. Pourquoi les jeter à la vue de tous ........................ **(30)** les enterrer ? Nous avons encore des progrès à faire.

---

**Comptez vos points**

→ **Vous avez plus de 25 points : BRAVO !** C'est très bien. Vous pouvez passer au dossier suivant.

→ **Vous avez plus de 20 points :** C'est bien, mais regardez vos erreurs, cherchez les réponses possibles dans les outils proposés et refaites le test. Ensuite, passez au dossier suivant.

→ **Vous avez moins de 20 points :** Vous n'avez pas bien mémorisé les outils de ce dossier, reprenez-le complètement, avec les corrigés, puis recommencez l'autoévaluation. Bon courage !

# Dossier 5 — Un monde technologique

**OUTILS GRAMMATICAUX :** Le groupe verbal : caractérisation du verbe par un adverbe, une locution adverbiale, un adjectif. – Les propositions infinitives : après les verbes de perception, après « laisser » et « faire ».
**OUTILS COMMUNICATIFS :** Conseiller, dissuader, encourager, mettre en garde et rassurer.
**MÉTHODOLOGIE :** Introduire une condition ou une hypothèse. Similitude et différence.

## 1. Analysez un document.
- Que représente cette photo ?
- Qu'est-ce qu'elle évoque pour vous ?
- Présentez votre interprétation aux autres apprenants.
- Écoutez celle des autres apprenants. Posez-leur des questions complémentaires.
- Discutez pour vous mettre d'accord.

## 2. Posez une problématique.
- Seul/e ou par groupes de deux à quatre apprenants, imaginez une problématique en relation avec la photo proposée.
- Comparez votre problématique avec celle des autres groupes.
- En groupe, choisissez celle qui vous paraît la plus intéressante.

## 3. Argumentez.
- Seul/e ou en groupes, cherchez des arguments pour répondre à la problématique choisie.
- Présentez vos arguments aux autres groupes.
- Écoutez leurs arguments et discutez pour défendre votre position.

## EXTRAITS DE DIALOGUES
/////////////////////////////////////////////////////////////////////////////// **Piste 13**

### 1. Imaginez les situations.
- Écoutez ces extraits de dialogues.
- Imaginez la situation et l'identité des locuteurs.
- Par deux, discutez pour vous mettre d'accord.

### 2. Par deux, complétez les dialogues et jouez les scènes.
- Avec votre partenaire, imaginez un début et une suite à chacun de ces dialogues.
- Jouez les scènes.
- Discutez avec le groupe des différentes interprétations faites à partir du même document.

### 3. Repérez les structures.
- Réécoutez les extraits de dialogue.
- Relevez les groupes verbaux complexes que vous entendez.
- Quelles sont les différentes manières de caractériser un verbe ?

**1.** ………………………………………………………………………………………………………………
………………………………………………………………………………………………………………
………………………………………………………………………………………………………………
………………………………………………………………………………………………………………
………………………………………………………………………………………………………………

**2.** ………………………………………………………………………………………………………………
………………………………………………………………………………………………………………
………………………………………………………………………………………………………………
………………………………………………………………………………………………………………
………………………………………………………………………………………………………………

**3.** ………………………………………………………………………………………………………………
………………………………………………………………………………………………………………
………………………………………………………………………………………………………………
………………………………………………………………………………………………………………
………………………………………………………………………………………………………………

**4.** ………………………………………………………………………………………………………………
………………………………………………………………………………………………………………
………………………………………………………………………………………………………………
………………………………………………………………………………………………………………
………………………………………………………………………………………………………………

# OUTILS GRAMMATICAUX – LE GROUPE VERBAL

## Le verbe peut être caractérisé par un adverbe.
- Aux temps simples, les adverbes sont placés après le verbe. – *Cet appareil marche bien.*
- Aux formes composées, l'adverbe se place souvent après l'auxiliaire, particulièrement s'il exprime la quantité, la fréquence, la manière. – *Il a beaucoup lu. Il est rarement venu ici./Vous ne devez pas trop jouer sur la tablette. Il veut toujours s'amuser. Il peut difficilement se connecter.*
Lorsqu'il est polysyllabique, l'adverbe se place généralement après le participe passé ou l'infinitif.
*Il a répondu respectueusement./Il veut travailler consciencieusement.*

## Le verbe peut être caractérisé par une locution adverbiale.
- *Il travaille avec plaisir, sans enthousiasme, à contrecœur, de bon cœur, par nécessité, à la va-vite, pour la gloire, d'arrache-pied, comme un fou, sans relâche … . Il est parti en retard, à l'heure, en vitesse … . La machine est tombée en panne. Il parle à tort et à travers.*

## Certains verbes peuvent être caractérisés par un adjectif.
- **Devenir** – *Cet ordinateur devient lent.* – **Rester** – *Ces logiciels sont restés performants.* – **Rendre** – *La musique le rend triste.* – **Être/paraître/sembler/avoir l'air** – *Certains objets connectés ont l'air utile.* – **Se sentir** – *Il se sent inutile.*

## Les propositions infinitives
- Après les verbes : **voir, entendre, regarder, écouter, sentir**
  *Il regarde ses amis jouer. = Il regarde jouer ses amis. Il les regarde jouer.*
  *Elle écoute le conférencier expliquer la situation.* (ordre obligatoire si l'infinitif a un COD)
- Après le verbe : **laisser**
  *Il faut laisser travailler les autres. Il doit les laisser faire ce qu'ils veulent. Laissez-les parler !*
  *Il se laisse mourir.* (il ne fait rien pour s'opposer à la mort.) – *Il s'est laissé arrêter par la police.*
- Utilisation de l'auxiliaire causatif « faire »

**Faire + infinitif**
– Si le verbe à l'infinitif n'admet pas normalement de COD
*Stéphanie fait travailler les enfants.* (Stéphanie décide, les enfants travaillent)
*Ça me fait réfléchir tous ces problèmes./Ça doit nous faire réfléchir …* (les problèmes sont la cause de ma réflexion.)

– Si le verbe à l'infinitif admet normalement un COD
La personne qui fait l'action est : soit complément du groupe verbal, soit introduite par **à** ou **par** :
*Paula fait lire les enfants.* (Paula décide, les enfants lisent.)
*Paula fait lire le blog aux enfants.* (Paula décide, les enfants lisent le blog.)
*Karim fait installer une alarme par un professionnel.* (Karim décide, le professionnel installe …)

– Si le verbe à l'infinitif admet normalement un COD et un COI.
*Laura fait expliquer les questions aux enfants par le professeur.* (Laura décide, le professeur explique qqch. à qqn.)

**Se faire + infinitif**
– Le sujet du groupe verbal (se faire + infinitif) est actif.
*Camille se fait couper les cheveux par le coiffeur.* (Camille décide, le coiffeur lui coupe les cheveux.)

– Le sujet du groupe verbal (se faire + infinitif) est passif.
*Céline s'est fait renvoyer de l'école/par la directrice.* (= a été renvoyée)

# 4. À tour de rôle.

- Que vont faire sur la terre les êtres vivants qui vont descendre de cet engin ?
- Que vont faire les terriens qui vont les rencontrer ?
- Faites deux groupes : Le premier groupe (A) parle des actions des extraterrestres et le second groupe (B) explique les réactions des terriens.
- Prenez la parole à tour de rôle en alternant un intervenant du groupe A et un intervenant du groupe B.
- Proposez chacun une phrase utilisant un groupe verbal complexe.
- N'hésitez pas à utiliser votre imagination. Si vous n'avez plus d'idée, vous êtes éliminé et le jeu continue.

# 5. Cherchez des arguments et discutez.

### La problématique

***L'exploration des autres planètes est-elle utile pour l'homme ?***

- Répondez à la question posée et choisissez un partenaire qui est de votre avis.
- Par deux, cherchez des arguments pour défendre votre position.
- En groupe, présentez vos arguments et discutez avec les autres apprenants pour défendre votre position.

## DOCUMENT SONORE

**Piste 14**

### 1. Écoutez le document.
• Prenez des notes.

..................................................................................................................................
..................................................................................................................................
..................................................................................................................................
..................................................................................................................................
..................................................................................................................................
..................................................................................................................................
..................................................................................................................................
..................................................................................................................................
..................................................................................................................................
..................................................................................................................................
..................................................................................................................................
..................................................................................................................................

### 2. Discutez avec les autres apprenants pour contrôler ou compléter vos informations.

### 3. Réécoutez le document. Notez les constructions utilisées pour :
a) Conseiller, dissuader, mettre en garde, encourager

..................................................................................................................................
..................................................................................................................................
..................................................................................................................................
..................................................................................................................................
..................................................................................................................................
..................................................................................................................................

b) Rassurer

..................................................................................................................................
..................................................................................................................................

### 4. Discutez.
• Reformulez ou expliquez chacune des phrases suivantes extraites du document sonore.
• Pour chacune d'elles, discutez avec les autres apprenants pour parler de vos expériences et donner votre avis sur le sujet.
• Utilisez les outils pour conseiller, dissuader, mettre en garde, rassurer ou encourager.

1. « Il est devenu très difficile par exemple de voyager sans acheter un billet de transport ou réserver un hôtel sur la toile. »

2. « On n'imagine pas toutes les informations nous concernant qui sont collectées sur la toile. »

3. « Ces jeunes qui (...) ont posté des photos ou des textes compromettants et qui se retrouvent licenciés de leur entreprise, c'est assez stupide non ? »

DOSSIER 5 /// Un monde technologique /// 90

**4.** « C'est extraordinaire qu'un individu puisse, tout seul, attirer l'attention d'un nombre illimité de lecteurs sur un sujet qu'il a choisi (...). Ça, c'est une forme de liberté incroyable. »

## OUTILS COMMUNICATIFS

### Conseiller
- Je vous conseille de/je vous recommande de (+ infinitif) ... *faire attention aux réseaux sociaux.*
- Vous devriez/vous feriez bien (mieux) de/vous pourriez (+ infinitif) ... *chercher sur Internet.*
- À votre place/si j'étais vous (+ verbe au conditionnel) ... *je m'abonnerais à ce blog.*
- Il faudrait/il vaudrait mieux (+ infinitif/+ subjonctif) ... *utiliser un robot/que vous utilisiez un robot.*
- Il (ce) serait souhaitable/préférable/utile/nécessaire/bien ... (de + infinitif/que + subjonctif) ... *de maîtriser son image sur Internet/que chacun sache maîtriser son image sur Internet.*
- Pourquoi ne pas + (infinitif)/Pourquoi ne (+ verbe au conditionnel) pas ? *Pourquoi ne pas adopter la voiture sans chauffeur ?/Pourquoi n'adopterions-nous pas la voiture sans chauffeur ?*

### Dissuader
- Vous ne devriez pas (+ infinitif) ... *soutenir ce projet.*
- Je ne vous conseille pas/Je vous déconseille (de + infinitif) ... *de divulguer vos codes secrets.*
- Ce n'est pas sérieux/raisonnable/prudent (de + infinitif) ... *de faire confiance à n'importe qui.*
- Ce n'est pas une bonne idée ! (de + infinitif) ... *de tout miser sur le numérique.*
- Je ne veux pas vous influencer, mais ... /je ne veux pas peser sur votre décision, mais ... /je ne veux pas vous décourager, mais .../je ne veux pas vous dissuader de (faire qqch.), mais ... *personnellement, je ne ferais pas cela.*

### Encourager
- Allez-y ! – N'hésitez pas ! Lancez-vous ! Jetez-vous à l'eau ! Courage !
- Ne laissez pas tomber ! – Accrochez-vous ! – Continuez ! – Ne baissez pas les bras – Ne vous laissez pas aller !
- Je vous encourage à (+ infinitif) – *Je vous encourage à persévérer.*

### Mettre en garde
- Prenez garde ! – Faites attention ! (à qqch.) ... *aux conséquences de la robotisation.*
- Méfiez-vous ! ... (de qqch.) *Méfions-nous des technologies que nous ne maîtrisons pas.*
- Soyez vigilant ! Soyez prudent ! Ne prenez pas de risque !
- Veillez (à + infinitif) *ne pas être esclave de la technologie.* Veillez (à ce que + subjonctif) *à ce que la technologie reste à votre service.*
- Je dois vous mettre en garde (contre qqch./qqn.) ... *contre les risques liés à cette pratique.*
- Restez sur vos gardes. – Ne vous laissez pas faire.
- Ne vous fiez pas (à qqn)/(à ce que ...) *à ce que les médias vous disent.*
- *Cette application* n'est pas fiable/crédible/sûre/digne de confiance.

### Rassurer
- Ne vous en faites pas – Ne vous inquiétez pas – N'ayez aucune crainte – Ne craignez rien – Croyez-moi – Faites-moi confiance – Fiez-vous à moi. ... *tout ira bien.*
- Vous pouvez lui faire confiance – Vous pouvez vous fier à lui – Vous pouvez le croire.
- Ce site est fiable/sûr/digne de confiance.

# BD

De Groot, Turk © – LE LOMBARD (Dargaud-Lombard s.a), 2017

## 1. Par deux, discutez et mettez-vous d'accord.

**1.** Le personnage principal de cette histoire est un inventeur de génie. Il s'appelle Léonard. Pouvez-vous imaginer pourquoi ?
**2.** D'après vous, quand se passe la première partie de cette scène ?
**3.** Expliquez la situation.

..................................................................................................................................................
..................................................................................................................................................
..................................................................................................................................................
..................................................................................................................................................
..................................................................................................................................................
..................................................................................................................................................

• Comparez vos réponses à celles des autres groupes.

## 2. Exprimez votre opinion.

• En groupe, donnez spontanément votre avis sur les questions suivantes et discutez avec les autres apprenants.
**1.** Serait-il vraiment intéressant de voyager dans le temps ? Pourquoi ?
**2.** Pourquoi les hommes ont-ils toujours besoin d'inventer de nouvelles choses ?
**3.** Y a-t-il des limites à ce que les hommes peuvent inventer ? Lesquelles selon vous ?
**4.** Quelle invention future aimeriez-vous voir réalisée ?

• Prenez position. Donnez votre opinion sur chacune des questions posées, écoutez les idées et les arguments des autres apprenants et discutez pour défendre votre position.

## 3. Discutez.

*« Aimeriez-vous voyager dans le temps ? Pourquoi ? »*

• Répondez à la question. Expliquez vos motivations et écoutez les réactions des autres apprenants.
• Donnez-leur votre opinion sur leur choix.
• Conseillez-les ou dissuadez-les.
• Pensez à utiliser les outils communicatifs.

## 4. Cherchez des arguments et discutez.

La problématique

*Faut-il renoncer à utiliser certaines inventions ?*

• En groupe, reformulez la problématique comme vous le feriez dans l'introduction d'une présentation orale.
• Notez la problématique choisie.

..................................................................................................................................................
..................................................................................................................................................

• Répondez à la question posée et choisissez un partenaire qui est de votre avis.
• Par deux, cherchez des arguments et des exemples pour défendre votre position.
• En groupe, présentez vos arguments, vos exemples et discutez avec les autres apprenants pour défendre votre position.

# DOCUMENT SONORE

**Piste 15**

« L'obsolescence programmée »

**1.** Écoutez le document et prenez des notes.

**2.** Discutez avec les autres apprenants pour contrôler ou compléter vos informations.

**3. Exercices lexicaux.**

• Par deux, reformulez les phrases ou expressions suivantes extraites du document.

**1.** vous êtes totalement tributaire du fabricant

.................................................................................................................................

**2.** remplacer l'élément défaillant

.................................................................................................................................

**3.** un effort insurmontable

.................................................................................................................................

**4.** (Tous les appareils) regorgent de (ces petites choses)

.................................................................................................................................

**5.** il y a le revers de la médaille

.................................................................................................................................

**6.** Ils usent et abusent de l'obsolescence programmée

.................................................................................................................................

**7.** le coût de la réparation est souvent dissuasif

.................................................................................................................................

**8.** toute une panoplie de …

.................................................................................................................................

**9.** qui a pour vocation d'aider les plus modestes

.................................................................................................................................

**10.** L'entreprise est louable

.................................................................................................................................

**4. Cherchez des arguments et discutez.**

<u>La problématique</u>

*Peut-on échapper à l'attrait de la nouveauté ?*

• Prenez position sur la question posée et choisissez un partenaire qui est de votre avis.
• Par deux, cherchez des idées, des arguments et des exemples pour défendre votre position.

.................................................................................................................................
.................................................................................................................................
.................................................................................................................................

• Pour chaque argument, cherchez un exemple qui puisse l'illustrer.

.................................................................................................................................
.................................................................................................................................
.................................................................................................................................

- Organisez vos idées suivant un ordre cohérent.
- Présentez vos idées, vos arguments et vos exemples aux autres apprenants.
- Discutez pour défendre votre position.

# MÉTHODOLOGIE

## Pour introduire une condition ou une hypothèse

- **Même si – sauf si** (+ présent/imparfait/plus que parfait) – **comme si** (+ imparfait/plus que parfait) – *Il viendra même s'il n'a pas envie/sauf s'il pleut/comme si c'était normal.*
- **À moins de** (+ infinitif)/**que** (+ subjonctif). *À moins de faire des efforts, vous ne réussirez (C) pas/vous ne réussiriez (H) pas. – Il viendra à moins que tu (ne) sois malade (= sauf si).*
- **À condition de** (+ infinitif) – *À condition de faire des efforts, vous pouvez (C)/pourriez (H) réussir.* (les deux verbes ont le même sujet)
- **À condition que, pourvu que, pour peu que** (+ subjonctif) – *Pourvu qu'il soit là, tout ira bien.*
- **Sinon, autrement, dans le cas contraire** – *J'ai toujours mon portable, sinon on ne peut pas me joindre.*
- **En cas de** (+ nom) – *En cas d'accident, nous ne serons (condition)/serions (hypothèse) pas couverts.*
- **Faute de, à défaut de, en l'absence de, sans** (+ nom) – *À défaut de réponse de votre part, nous ne pourrons (C)/pourrions (H) pas faire la transaction.*
- **Avec, moyennant,** (+ nom) – *Moyennant plus de travail, vous pourrez (C)/pourriez (H) réussir.*
- **À supposer que, en supposant que, en admettant que** (+ subjonctif) – *En supposant que le site soit piraté, que ferons-nous ? (C)/que ferions-nous ? (H)*
- **Que ... ou que ...** (+ subjonctif) – *Qu'il vienne ou qu'il ne vienne pas, cela ne changera (C) rien/cela ne changerait (H) rien.*
- **Au cas où, dans le cas où, pour le cas où, dans l'hypothèse où** (+ conditionnel)
*Au cas où vous auriez un empêchement, téléphonez-moi/vous me téléphoneriez. (H)*
- La phrase hypothétique avec « si » – *Si la science progresse assez, nous vivrons un jour sur Mars. (C) – Si la science progressait assez, nous pourrions aller vivre sur Mars. (H)*
- L'emploi du conditionnel – *Vous seriez plus jeune, vous pourriez passer le concours. (H)*
 – *Vos résultats **conditionnent** votre salaire. Il a obtenu une augmentation **sous conditions**. Ce détenu va être mis en **liberté conditionnelle**.*

## Similitude et différence

- **Le même, la même, les mêmes ... que** – *Ces deux internautes consultent les mêmes sites/ ... les mêmes sites que vous.*
- **Ainsi que, comme** – *Les technologies nouvelles bouleversent la société ainsi qu'elles l'ont toujours fait.*
- **Semblable, identique, pareille, équivalente, comparable, similaire, analogue ... à** – *Votre réaction est tout à fait comparable à celle de vos collègues.*
- **(Se) ressembler** – *Les deux projets se ressemblent. Le vôtre ressemble au sien. Ils se ressemblent à s'y méprendre. Ils se ressemblent comme deux gouttes d'eau.*
- **Cela revient au même, C'est du pareil au même, C'est bonnet blanc et blanc bonnet** – *Que vous lisiez ce magazine sur papier ou sur Internet, cela revient au même.*

- **D'une façon/manière différente – D'une autre façon/manière** – *Il est toujours possible d'envisager l'avenir d'une manière différente.*
- **Un(e) (tout) autre** (+ nom) **que** – *Vous avez une tout autre approche du problème que nous.*
- **Il n'y a aucune comparaison/aucune commune mesure entre ...** – *Il n'y a aucune commune mesure entre ces deux projets.*
- **Autrement, différemment** – *Vous pouvez aborder le sujet différemment.*

# ENTRAÎNEZ-VOUS POUR LE DALF C1 – 1er sujet

**1.** Lisez le 1er document.

## Le numérique au service des patients

Si la e-santé est un secteur en pleine croissance dans le domaine du bien-être, son essor côté médical est moins rapide. Bien que les technologies de l'information et de la communication permettent de nombreux espoirs, et que l'efficacité de la e-santé ait déjà été prouvée dans certains secteurs, <u>quelques freins limitent son expansion dans son versant le plus médical.</u>

Télémédecine, télésanté, télésurveillance, médecine connectée, médecine numérique... Toutes ces disciplines, que l'on trouve regroupées sous le terme « e-santé », ont été créées ou ont connu une évolution accélérée avec le développement du numérique. *« La e-santé s'accompagne de bien des promesses, dont la finalité est toujours, directement ou indirectement, <u>une meilleure prise en charge du patient</u> »*, résume Sylvain Durrleman, conseiller scientifique au sein de l'institut thématique multi-organismes (Itmo) Santé publique d'Aviesan. Des économies sont également espérées bien que, pour l'instant, il n'y ait que peu d'études solides évaluant l'impact économique de la e-santé à grande échelle dans la vie réelle. (...)

### Aide au diagnostic et à la prescription

Comment la e-santé apporte-t-elle un bénéfice au patient ? En lui permettant d'être mieux suivi, mieux conseillé, mieux pris en charge et, sans doute, à moindre coût. Il est mieux pris en charge car les nouvelles technologies permettent de faciliter les échanges entre les experts, offrant la possibilité d'utiliser <u>à meilleur escient</u> les compétences médicales de multiples praticiens aux spécialités diverses, où qu'ils soient. (...)

Grâce aux nouvelles technologies, il est également possible d'offrir aux médecins de meilleurs outils pour l'exercice de leur métier comme, par exemple, pour l'aide au diagnostic.

### Approcher ... à distance

Dans la mesure du possible, la e-santé doit être un moyen pour le patient de continuer à vivre normalement, chez lui, tout en étant surveillé médicalement. (...) À tout le moins, <u>l'un des enjeux de la e-santé est de lutter contre les déserts médicaux</u>, de rapprocher virtuellement patients et professionnels de santé, en offrant la possibilité au patient d'accéder aux conseils d'un médecin, où qu'il se trouve. C'est ce que permet la téléconsultation, et c'est dans ce but qu'a été créée la Consult-Station. Conçue par la société H4D, il s'agit d'une petite cabine de visite médicale virtuelle. Elle accueille un patient qui bénéficie d'<u>une consultation en visioconférence</u> et dispose d'un ensemble d'équipements pour effectuer différents tests médicaux de routine : prise de la tension, écoute des poumons, examen des oreilles, pesée, mesure de la taille, électrocardiogramme, examen cutané, etc. D'abord installées dans des maisons de retraites en 2013, <u>les Consult-Stations ont commencé à fleurir</u> dans des petits villages où l'offre de soin est plutôt pauvre, ou dans certaines zones coupées du monde comme des plateformes pétrolières.

Les données physiologiques du patient qui utilisent la cabine sont enregistrées sur un site sécurisé *(jemesurveille.com)* que le médecin peut consulter. <u>Seul problème, et de taille</u>, la consultation est entièrement à la charge du patient puisque l'Assurance maladie ne rembourse pas (encore) les actes de téléconsultation. (...)

### La e-santé au service de la recherche

La recherche bénéficie aussi de cette nouvelle pratique de la médecine. <u>L'émergence des objets connectés</u> et des applications smartphones est en effet une opportunité pour obtenir des données <u>de façon moins invasive ou chronophage</u> que des questionnaires papiers, par exemple. (...)

### Protection de données de santé

La gestion des données pose aussi un autre problème : celui de leur sécurisation. Portant sur la santé, elles sont dites sensibles au regard de la loi et donc soumises à une protection plus particulière, afin d'éviter qu'elles ne tombent dans de mauvaises mains.

Science&Santé n° 29, janvier-février 2016, Grand angle « E-santé : la médecine à l'ère du numérique », p. 22-33. Inserm.fr

## 2. Exercices lexicaux.

• Par deux, reformulez les phrases, les expressions, ou les mots suivants.

1. quelques freins limitent son expansion dans son versant (le plus médical)

..................................................................................................................................

2. (une meilleure) prise en charge du patient

..................................................................................................................................

3. à meilleur escient

..................................................................................................................................

4. l'un des enjeux de la e-santé est de lutter contre les déserts médicaux

..................................................................................................................................

5. une consultation en visioconférence

..................................................................................................................................

6. les Consult-Stations ont commencé à fleurir

..................................................................................................................................

7. (Seul problème), et de taille

..................................................................................................................................

8. L'émergence des objets connectés

..................................................................................................................................

9. de façon moins invasive ou chronophage

..................................................................................................................................

## 3. Lisez le second document.

### Un hôpital pédiatrique s'équipe d'un robot chirurgical, une première en Europe

L'hôpital Necker-Enfants malades de Paris s'est doté d'un robot chirurgical de pointe afin d'améliorer la qualité de vie des jeunes patients. (...)

#### 250 opérations par an à Necker

Ces quinze dernières années, la chirurgie mini-invasive n'a cessé de se développer. La miniaturisation constante des instruments a permis d'améliorer la qualité de vie des adultes, notamment en remplaçant une large ouverture de l'abdomen par de petites incisions. Mais, aussi précise soit-elle, cette chirurgie n'était guère suffisante pour opérer des jeunes patients. Toutefois, la dernière génération de robots chirurgicaux, à l'instar de Da Vinci Xi, a changé la donne. « *Cet outil apporte trois avantages majeurs pour la chirurgie de l'enfant : la gestuelle fine dans un espace restreint, la magnification de l'image (grossissement 15 fois), la vision en 3D et en haute définition* », explique l'AP-HP*. À Necker, le Da Vinci Xi devrait participer à 250 opérations par an (sur 65 000 au total). Il sera réservé aux interventions les plus complexes dans le domaine de la chirurgie ablative ou reconstructive, quelle que soit la spécialité pédiatrique (...). À terme, une fois que l'ensemble des équipes médicales et paramédicales aura été formé, deux interventions par jour pourront être réalisées avec le robot, soit 450 actes par an environ.

#### Moins de douleurs après l'opération

Muni de 4 bras, d'un trocart (une tige cylindrique creuse, pointue et coupante) pour l'incision, et permettant le passage d'une micro-caméra HD et 3D ainsi que d'instruments chirurgicaux, le Da Vinci Xi constitue une aide précieuse aux médecins, sans les remplacer. Pour les jeunes patients, l'AP-HP assure que leur qualité de vie en sera améliorée : (diminution de la durée d'hospitalisation, des douleurs post-opératoires, des séquelles esthétiques, etc.). L'AP-HP précise que deux projets de recherche innovants sont associés au développement de la chirurgie robotique pédiatrique à Necker : l'évaluation de l'impact médico-économique de la chirurgie robotique en pédiatrie, et la chirurgie pédiatrique guidée par l'image.

**Les robots chirurgicaux présentent-ils des risques pour le patient ?**

Selon une étude publiée aux États-Unis en 2013, des

milliers d'incidents ont été signalés entre 2000 et 2012 avec le système Da Vinci. « *Il n'y a pas de retour de force, le robot démultiplie le geste et il est possible de blesser des zones avoisinantes sans le remarquer* », précisait en 2013 le professeur Michael Peyromaure, chirurgien urologue à l'hôpital Cochin, dans un précédent article de *Sciences et Avenir*. Pour Christophe Vaessen, chirurgien urologue à La Pitié-Salpêtrière, le seul risque serait technique (panne, instrument défectueux) et « *dans ce cas, le chirurgien prend le relais* ». Sur ce point, les deux médecins s'accordent : ce n'est pas la technique qui compte mais l'opérateur. La formation des médecins est donc essentielle pour limiter les accidents liés à l'utilisation de ces robots chirurgicaux. Aucun chiffre sur les incidents en Europe n'ont été communiqués par la société américaine *Intuitive Surgical*, en charge de fabriquer les robots Da Vinci, et seule elle peut fournir de tels chiffres (en Europe, un accord de confidentialité sur la déclaration d'incidents médicaux est en vigueur, c'est-à-dire que les problèmes doivent être signalés par les utilisateurs du robot ou par la société qui commercialise l'appareil).

Lise Loumé –16/12/2016 – sciencesetavenir.fr
*AP-HP\* : Assistance publique – Hôpitaux de Paris.
C'est le centre hospitalier régional pour Paris et l'Île-de-France.*

## 4. Exercices lexicaux.

• Par deux, reformulez les expressions, les phrases ou les mots suivants.

1. une première
...................................................................................

2. (L'hôpital ...) s'est doté d'un robot chirurgical de pointe
...................................................................................

3. la chirurgie mini-invasive n'a cessé de se développer
...................................................................................

4. de petites incisions
...................................................................................

5. à l'instar de ...
...................................................................................

6. la gestuelle fine dans un espace restreint
...................................................................................

7. (la chirurgie) ablative ou reconstructive
...................................................................................

8. À terme
...................................................................................

9. une fois que l'ensemble des équipes médicales et paramédicales aura été formé
...................................................................................

10. des séquelles
...................................................................................

11. (la chirurgie ...) pédiatrique
...................................................................................

12. (le robot) démultiplie le geste
...................................................................................

13. blesser des zones avoisinantes
...................................................................................

14. Aucun chiffre sur les incidents
...................................................................................

**15.** (Un accord) est en vigueur
..................................................................................................................................

## 5. Par deux, préparez l'exposé oral.
• Prenez position sur la question posée et choisissez un partenaire qui est de votre avis.
• Relevez dans les textes proposés les idées principales et les exemples qui vous seront utiles pour préparer un exposé sur le thème :

*La médecine pourrait-elle se passer de la dimension humaine ?*

..................................................................................................................................
..................................................................................................................................
..................................................................................................................................
..................................................................................................................................
..................................................................................................................................
..................................................................................................................................
..................................................................................................................................

• Proposez des idées et des arguments complémentaires ou contradictoires sur le même sujet. Cherchez des exemples pour illustrer vos idées.

..................................................................................................................................
..................................................................................................................................
..................................................................................................................................
..................................................................................................................................
..................................................................................................................................
..................................................................................................................................
..................................................................................................................................

• Sélectionnez les trois ou quatre idées principales que vous souhaitez retenir pour l'exposé. Organisez-les selon un ordre logique. Ajoutez des idées secondaires.

..................................................................................................................................
..................................................................................................................................
..................................................................................................................................
..................................................................................................................................
..................................................................................................................................
..................................................................................................................................

• Reformulez la problématique pour préparer l'introduction.

..................................................................................................................................
..................................................................................................................................

• Formulez clairement votre réponse à la question posée pour la conclusion.

..................................................................................................................................
..................................................................................................................................

## 6. Introduisez le sujet et discutez.
• Un binôme introduit le sujet et présente brièvement ses arguments.
• Posez-leur des questions pour qu'ils précisent leurs idées ou qu'ils les illustrent par des exemples.
• Présentez vos arguments et vos exemples s'ils sont différents.
• Discutez pour défendre votre position.

# ENTRAÎNEZ-VOUS POUR LE DALF C1 – 2ᵉ sujet

**1. Lisez le 1ᵉʳ document.**

## Les objets intelligents pointent leur nez au salon de Las Vegas

**Après l'âge des objets connectés, voici venir celui des objets intelligents, qui comprennent les injonctions qui leur sont données à voix haute et en tirent des conclusions.**

L'une des vedettes du grand salon de l'électronique de Las Vegas, le Consumer Electronic Show (CES), qui se déroule du 5 au 8 janvier, se nomme Alexa. Il s'agit d'un logiciel d'intelligence artificielle créé par la firme américaine Amazon et qui peut trouver place dans n'importe quel objet, pour le transformer en assistant virtuel.

Équipé d'Alexa, un objet devient capable de comprendre des injonctions formulées en langage humain, puis d'en tirer des conclusions. Ainsi, il suffit théoriquement de dire « Il fait trop froid » face à un thermostat intelligent pour qu'il comprenne qu'il est nécessaire de monter un peu le chauffage.

### Une tendance forte de l'industrie

Le CES, à Las Vegas, est le grand salon des objets électroniques. On y voit tout ce que l'industrie produit, mais aussi tout ce qu'elle prépare pour les prochaines années, avec la présence de plus de 4 000 exposants venus du monde entier. Et la grande tendance de l'édition de cette année est de voir l'intelligence artificielle entrer dans les objets, pour faciliter leur usage. (...)

### Voiture, téléviseur, réfrigérateur...

Ce logiciel, Alexa, se trouve dans un nombre de plus en plus grand d'objets exposés à Las Vegas : voiture, téléviseur... Le coréen LG expose ainsi un réfrigérateur équipé d'Alexa qui peut répondre si on lui demande ce qu'il conserve à l'intérieur. Amazon espère faire d'Alexa le « cerveau » permettant de commander à sa maison.

Mais cette société n'est pas la seule à explorer cette voie. Google développe aussi son propre système d'intelligence artificielle qui est présent à la fois sur les téléphones, à travers une application (Allo), et dans la maison sur un appareil pour l'instant nommé Google Home.

Microsoft a également créé son assistant virtuel qui a pour nom Cortana. C'est lui qui équipe, par exemple, un certain nombre de poupées Mattel. C'est lui aussi qui devrait trouver place dans l'avenir à bord des véhicules Renault et Nissan.

Apple n'est pas en reste. La firme californienne a créé Siri, son propre assistant virtuel sur smartphone. Il dispose d'une version pour la maison qui se nomme Apple Home Kit. Le groupe s'efforce aussi de développer une version pour équiper les voitures.

### La maison qui parle

Tous ces objets intelligents peuvent devenir réalité grâce au progrès de la reconnaissance vocale : les logiciels apprennent à comprendre le langage humain. Ils reconnaissent la voix, comprennent aussi certaines émotions de ceux qui parlent, apprennent à les interpréter.

Ils apprennent aussi à répondre dans un langage de plus en plus naturel, si bien que, dans certains cas, une personne qui téléphone au service client d'une banque ou d'un opérateur téléphonique peut très bien se trouver en conversation avec un assistant virtuel sans s'en rendre compte.

Aujourd'hui, les « robots conversationnels » de ce genre restent toutefois assez rares, du fait de leur coût. Mais ils devraient se répandre dans les années à venir, à en croire le grand nombre d'objets intelligents qui sont déjà visibles au CES de Las Vegas.

Alain Guillemoles – 08/01/2017 – www.la-croix.com

**2. Exercices lexicaux.**

• Par deux, reformulez les expressions, les phrases ou les mots suivants.

**1.** (Les objets intelligents) pointent leur nez

..........................................................................................................................................

**2.** les injonctions

..........................................................................................................................................

**3.** qui se déroule

..................................................................................................................

**4.** d'en tirer des conclusions

..................................................................................................................

**5.** Une tendance forte

..................................................................................................................

**6.** pour faciliter leur usage

..................................................................................................................

**7.** explorer cette voie

..................................................................................................................

**8.** Apple n'est pas en reste

..................................................................................................................

**9.** Le groupe s'efforce aussi de développer une version

..................................................................................................................

**10.** se trouver en conversation

..................................................................................................................

**11.** sans s'en rendre compte

..................................................................................................................

**12.** ils devraient se répandre dans les années à venir

..................................................................................................................

**13.** à en croire (le grand nombre d'objets intelligents)

..................................................................................................................

## 3. Lisez le second document.

### Le rêve de la maison connectée face à la réalité

**Caméras intégrées dans les ampoules, table réchauffant les plats ... les innovations se multiplient. Pour le moment, le public adhère peu.**

Dans les allées de l'IFA, le salon de l'électronique grand public qui se tient actuellement à Berlin, la maison connectée se décline à toutes les sauces. Cafetière, machine à laver, réfrigérateur, four, thermostat, ampoules, serrures ou même, vannes de radiateurs ... rien ne semble échapper à cette tendance du tout connecté. Sous les regards à la fois intrigués et fascinés des visiteurs, constructeurs de renommée mondiale et start-up dévoilent leurs dernières innovations en la matière. Le fantasme de la maison connectée où tous nos appareils électroménagers devanceront nos moindres désirs sans que nous ayons à bouger le petit doigt n'est pas nouveau. (...)

Grâce au développement d'Internet et des réseaux de communication, cette vision futuriste est aujourd'hui une réalité bien tangible. Le marché de la maison intelligente connaît un véritable essor ces dernières années et suscite la convoitise d'une multitude d'acteurs, des géants de l'Internet aux grands groupes d'électronique, en passant par les opérateurs télécoms et une pléthore de jeunes entreprises, tous désireux de se tailler une part de cet immense gâteau.

**Taux de pénétration du marché encore faible**

D'ici à 2020, ce sont près de 50 milliards d'objets dans le monde qui devraient être connectés et d'ici à 2022, une maison « classique » devrait en intégrer plus de 500, selon une récente étude de l'agence Joshfire, spécialisée dans ce secteur.

Des chiffres ambitieux qu'il faut prendre avec des pincettes. Pour le moment, peu de particuliers ont encore succombé, même si beaucoup plébiscitent les avantages de ces produits, notamment en matière de gestion des dépenses d'énergie, de sécurité ou de divertissement. (...)

**Une vitre de bibliothèque devient télévision**

Les géants de l'électronique et de l'Internet multiplient les innovations. Sur le stand de Panasonic à l'IFA, la marque présente une maison intelligente où l'électroménager connecté s'intègre directement au mobilier : la vitre transparente de la bibliothèque du salon se transforme en écran de télévision haute définition, tandis que la table à manger, bardée de capteurs, fait office de micro-ondes pour réchauffer une assiette dès qu'on la recouvre d'une cloche. « *Il ne s'agit pas simplement de connecter les appareils. Il faut surtout offrir à nos clients des usages simples, utiles et qui soient le plus invisibles possibles en se fondant dans leur environnement* », explique Laurent Abadie, directeur général de Panasonic Europe. (...)

**Des risques pour la préservation de la vie privée**

Ces innovations ont toutefois un coût. Le réfrigérateur connecté présenté par Samsung, qui permet entre autres de contrôler à distance son contenu ou d'être alerté des dates de péremption des produits, devrait être commercialisé en France au début de l'année prochaine à plus de 6 000 euros. De quoi décourager de nombreux acheteurs. « *Le coût de ces produits à l'achat, lors de l'installation, combiné au montant de l'abonnement mensuel aux services qui y sont liés, reste le principal frein des consommateurs* », souligne Thomas Husson, analyste chez Forrester.

L'autre grande réticence des usagers à l'adoption de ces objets connectés tient à la préservation de la vie privée. Les consommateurs restent méfiants sur l'utilisation qui peut être faite des données collectées par ces appareils qui enregistrent tout de leurs habitudes quotidiennes. (...)

Zeliha Chaffin – 05/09/2016 – lemonde.fr/economie

## 4. Exercices lexicaux.

• Par deux, reformulez les expressions, les phrases ou les mots suivants.

1. le public adhère peu

..................................................................................

2. qui se tient

..................................................................................

3. (la maison connectée) se décline à toutes les sauces

..................................................................................

4. cette tendance du tout connecté

..................................................................................

5. ... dévoilent leurs dernières innovations en la matière

..................................................................................

6. ... devanceront nos moindres désirs

..................................................................................

7. sans que nous ayons à bouger le petit doigt

..................................................................................

8. (une réalité) bien tangible

..................................................................................

9. ... suscite la convoitise d'une multitude d'acteurs

..................................................................................

10. une pléthore de jeunes entreprises

..................................................................................

11. tous désireux de se tailler une part de cet immense gâteau

..................................................................................

12. Taux de pénétration

..................................................................................

**13.** Des chiffres ambitieux qu'il faut prendre avec des pincettes.
..................................................................................................................................
**14.** peu de particuliers ont encore succombé
..................................................................................................................................
**15.** beaucoup plébiscitent les avantages (de ces produits)
..................................................................................................................................
**16.** la table à manger, bardée de capteurs, fait office de micro-ondes
..................................................................................................................................
**17.** en se fondant dans leur environnement
..................................................................................................................................
**18.** De quoi décourager …
..................................................................................................................................
**19.** le principal frein
..................................................................................................................................
**20.** L'autre grande réticence des usagers à l'adoption de ces objets connectés tient à la préservation de la vie privée
..................................................................................................................................

## 5. Par deux, préparez l'exposé oral.

• Procédez comme pour le 1er sujet. Prenez position sur la question posée et choisissez un partenaire qui est de votre avis.
• Relevez dans les textes proposés les idées principales et les exemples qui vous seront utiles pour préparer un exposé sur le thème :

*Les objets connectés vont-ils réellement nous simplifier la vie ?*

• Proposez des idées et des arguments complémentaires ou contradictoires sur le même sujet. Cherchez des exemples pour illustrer vos idées. Pensez à élargir le sujet en parlant d'autres objets connectés que ceux présents dans la maison.
• Sélectionnez les trois ou quatre idées principales que vous souhaitez retenir pour l'exposé.
..................................................................................................................................
..................................................................................................................................
..................................................................................................................................
..................................................................................................................................

• Organisez-les selon un ordre logique. Ajoutez des idées secondaires. Proposez des exemples.
• Reformulez la problématique pour préparer l'introduction et notez-la.
..................................................................................................................................
..................................................................................................................................

• Formulez clairement votre réponse à la question posée.
..................................................................................................................................
..................................................................................................................................

## 6. Introduisez le sujet et discutez.

• Un binôme introduit le sujet et présente brièvement ses arguments.
• Posez-leur des questions pour qu'ils précisent leurs idées ou qu'ils les illustrent par des exemples.
• Présentez vos arguments et vos exemples s'ils sont différents.
• Discutez pour défendre votre position.

# Bilan

### Complétez le dialogue suivant en utilisant les groupes verbaux complexes demandés.

*(1 point par réponse)*

Pourquoi voulez-vous un nouvel ordinateur ? (verbe + adverbe)

**1.** « ................................................................................................................................................. »

Et celui-ci, quel est son problème ? (verbe + adjectif)

**2.** « ................................................................................................................................................. »

Vous pourriez prendre celui-là ? (verbe + locution adverbiale)

**3.** « ................................................................................................................................................. »

Si vous préférez la tablette de Carine ? (verbe laisser + infinitif)

**4.** « ................................................................................................................................................. »

Comme vous voulez. Vous avez lu le blog de Madame Pop ? (verbe entendre + infinitif)

**5.** « ................................................................................................................................................. »

Vous voulez prendre un café ? (verbe faire + infinitif)

**6.** « ................................................................................................................................................. »

Oh, j'oubliais : demain, pour l'inauguration, allez chez le coiffeur ! (verbe se faire + infinitif)

**7.** « ................................................................................................................................................. »

### Répondez à cette question en donnant un conseil. Utilisez quatre formes différentes.

« J'aurais bien envie d'un robot pour faire le ménage, qu'en penses-tu ? »

**8.** « ................................................................................................................................................. »

**9.** « ................................................................................................................................................. »

**10.** « ................................................................................................................................................. »

**11.** « ................................................................................................................................................. »

### Répondez en essayant de dissuader votre interlocuteur. Utilisez quatre formes différentes.

« Mon mari veut offrir un drone à mon fils de quatre ans. Qu'en pensez-vous ? »

**12.** « ................................................................................................................................................. »

**13.** « ................................................................................................................................................. »

**14.** « ................................................................................................................................................. »

**15.** « ................................................................................................................................................. »

## Répondez (16) en encourageant, (17) en mettant en garde, (18) en rassurant votre interlocuteur.

« C'est vraiment très difficile de s'habituer à ces nouvelles technologies. »

**16.** « ............................................................................................................. »

**17.** « ............................................................................................................. »

**18.** « ............................................................................................................. »

## Complétez ce document par les articulateurs nécessaires à l'introduction d'une condition ou d'une hypothèse.
## Chaque articulateur ne peut être utilisé qu'une fois.

**Extrait de présentation orale sur le thème : « Les drones présentent-ils un danger ? »**

(...) Pour répondre à la question : « Les drones présentent-ils un danger ? », je dirai que, bien sûr, cela dépend de l'usage que l'on en fait et de qui les télécommande. L'utilisation de ces petits engins est à présent très encadrée par la loi et, ............................ (19) obtenir une autorisation spéciale, il est interdit de les faire voler n'importe où. Malheureusement, chacun sait que tout le monde ne respecte pas la loi. Nous verrons donc ce qui pourrait présenter un danger ............................ (20) les règles ne seraient pas respectées. Danger pour l'autorité et pour la sécurité, soit de façon accidentelle, soit de façon malveillante.

Tout d'abord, nous parlerons des problèmes liés aux sites sensibles. ............................ (21) leur survol n'est pas vraiment dangereux, il pose un problème moral. Nous savons tous par exemple qu'une base militaire ou qu'une centrale nucléaire doit être protégée. ............................ (22) intrusion de drones, c'est la fiabilité de leur protection qui est mise en doute. ............................ (23) ce soit dangereux ............................ (24) ce ne le soit pas, l'image donnée à l'opinion publique par ces survols est déplorable.

Ensuite, nous allons voir que les drones peuvent aussi être à l'origine d'accidents. Les aéroports par exemple nécessitent une surveillance de plus en plus sérieuse. ............................ (25) un drone entre en collision avec un avion, les conséquences pourraient être dramatiques pour l'appareil comme pour ses passagers. Or, ............................ (26) une protection efficace, il sera difficile d'éviter un jour ou l'autre l'accident. D'autres accidents peuvent bien sûr se produire. J'ai entendu parler récemment d'un drone qui s'était écrasé sur le toit d'une maison et il est facile d'imaginer que ce genre d'accident se reproduira, ............................ (27) ils sont totalement interdits, ce qui est peu probable.

Enfin, il est impossible d'écarter l'hypothèse d'un acte malveillant. Malheureusement, notre société n'est pas parfaite, ............................ (28), nous n'aurions pas besoin de prévoir le pire. Les drones ne portent aujourd'hui que de faibles charges mais, ............................ (29) la recherche ne s'arrête demain, il semble évident qu'ils pourront bientôt transporter des objets plus lourds et potentiellement dangereux. Pourrons-nous alors être en sécurité ? ............................ (30) le terrorisme utilise ce moyen pour nous intimider, que pourrons-nous faire ?

En conclusion, je pense ...

### Comptez vos points

→ **Vous avez plus de 25 points : BRAVO !** C'est très bien.
→ **Vous avez plus de 20 points :** C'est bien, mais regardez vos erreurs, cherchez les réponses possibles dans les outils proposés et refaites le test. Ensuite, passez au dossier suivant.
→ **Vous avez moins de 20 points :** Vous n'avez pas bien mémorisé les outils de ce dossier, reprenez-le complètement, avec les corrigés, puis recommencez l'autoévaluation. Bon courage !

# TRANSCRIPTION DES ENREGISTREMENTS

## DOSSIER 1

**Page 7** ///////////////////// **Piste 1**

*Un homme :* – Qu'est-ce que tu dis ?
*Une femme :* – Tu vois la fille là-bas ? C'est celle qui remplace Lucie.
*Un homme :* – Non ? Tu plaisantes ! C'est fou ce qu'elle lui ressemble !
*Une femme :* – Oui. Je me demande si c'est pas pour ça qu'ils l'ont choisie.
*Un homme :* – Sûrement pas. Ce n'est pas son physique qui les intéresse. Ce qui est sûr, c'est qu'elle doit avoir une sérieuse expérience.
*Une femme :* – Oui, il paraît que …

---

*Un homme :* – C'est intéressant ce que tu me dis là !
*Une femme :* – Bien sûr que c'est intéressant ! Et tu peux en profiter jusqu'à la fin du mois. C'est une occasion qui ne se représentera peut-être pas de si tôt !
*Un homme :* – Ça tu as raison. Ce que je pense, c'est qu'il faudrait que j'y aille cette semaine pour bien faire … C'est choisir qui va être difficile ! À ce prix là, c'est vraiment incroyable !
*Une femme :* – Je te fais confiance. Les bonnes affaires, c'est ta spécialité ! Et tu sais, j'ai pensé que tu pourrais peut-être …

---

*Une femme :* – C'est bête ce que tu as fait !
*Un homme :* – Oui … je sais bien mais … je ne sais pas ce qui m'a pris … je n'ai pas réfléchi … j'ai fait ça comme ça … sur un coup de tête …
*Une femme :* – Et qu'est-ce que tu vas faire maintenant ?
*Un homme :* – Ce que je vais faire ? C'est ce à quoi je pense depuis ce matin, mais, … je n'ai aucune idée … je ne vois vraiment pas comment arranger les choses … je crois que c'est fichu. Vraiment, je ne sais pas comment m'y prendre ! J'ai été trop stupide !
*Une femme :* – C'est te lamenter qui est stupide. Il faut te ressaisir. Tu devrais …

---

*Une femme :* – Tu ne la reconnais pas ?
*Un homme :* – Non pourquoi, je la connais ?
*Une femme :* – Mais oui ! C'est celle qui est sortie avec Jérôme l'été dernier. Tu te souviens ?
*Un homme :* – Ah oui ! Ça me revient maintenant.
*Une femme :* – Et celui qui parle avec Laure, c'est celui dont j'étais amoureuse il y a deux ans !
*Un homme :* – Celui-là, je ne risque pas de l'avoir oublié ! Tu nous as assez *bassinés avec ça !
*Une femme :* – Ce qui est bien avec toi, c'est que tu es toujours charmant !
*Un homme :* – Ben … Pourquoi tu dis ça ?

**Page 10** ///////////////////// **Piste 2**

*Fred :* – Non franchement, la famille, ce n'est plus ce que c'était !
*Laura :* – Alors là Fred, Je ne suis pas du tout d'accord avec toi. Je pense que la famille reste une valeur sûre et même sûrement la plus importante de notre société.
*Fred :* – Tu trouves qu'avec près de 60 % des enfants qui naissent hors mariage, la famille reste une valeur importante ?
*Laura :* – Bien sûr ! D'abord, d'après moi, ce n'est pas le mariage qui fait la famille ! Ce qui est important, c'est que les gens soient bien ensemble. Mariés, pacsés ou concubins, qu'est-ce que ça peut faire ?
*Un homme :* – Oui, moi, je pense que Laura a raison. Je suis tout à fait de son avis. Ce qui fait la famille, ce sont les enfants … les gens qui ne sont pas mariés ne se séparent pas plus que les autres.
*Laura :* – Par ailleurs, il y a pas mal de femmes qui s'arrêtent de travailler pendant quelque temps à la naissance d'un enfant, ou qui travaillent à temps partiel. Je trouve ça plutôt bien.
*Un homme :* – Absolument.
*Laura :* – De plus, les pères aujourd'hui s'intéressent beaucoup plus aux enfants que par le passé. C'est une

| | |
|---|---|
| | évolution tout à fait remarquable ! D'ailleurs, regarde-toi, tu es le premier à t'occuper d'eux dès que tu as une minute. Papa poule ! |
| Fred : | – Ça c'est vrai, mais regarde les divorces, plus de deux couples sur cinq à ce qu'il paraît. Et les familles recomposées … ne me dis pas que c'est bon pour la vie de famille ça ! |
| Laura : | – Ça d'accord. |
| Fred : | – Et les grands-parents qu'on abandonne dans des maisons de retraite ! |
| Laura : | – Là, tu exagères peut-être un peu ! Je veux bien qu'il y en ait quelques-uns qui soient « abandonnés » comme tu dis. Mais dans beaucoup de familles, non seulement leurs enfants s'occupent d'eux le plus possible, mais par bonheur, les autres membres de la famille aussi les soutiennent. |
| Un homme : | – Moi, je suis d'accord avec toi. Je vois ma grand-mère par exemple, elle vit seule mais elle est chez mes parents presque tous les week-ends et tout le monde vient la voir régulièrement. Je ne crois pas qu'elle se sente abandonnée. De toute façon, elle n'a pas non plus envie de vivre avec eux tout le temps. C'est la solution idéale parce que d'une part elle a besoin de se sentir entourée, d'autre part, elle préfère rester indépendante. |
| Laura : | – Évidemment, je la comprends. On est toujours mieux chez soi. |
| Fred : | – Bref, vous trouvez que tout va bien dans le meilleur des mondes ? |
| Laura : | – Ben, tout compte fait, c'est pas si mal ! |

## Page 14 ////////////////////////// Piste 3

Comme chaque année en cette période de rentrée, de nombreuses foires aux associations fleurissent un peu partout en France. Si vous êtes à la recherche d'une activité qui vous permette de décrocher du quotidien, n'hésitez pas à vous y rendre. Vous y trouverez sûrement des tas d'offres plus alléchantes les unes que les autres.

Vous souhaitez garder la forme, développer vos talents artistiques, découvrir de nouveaux horizons ou offrir un peu de votre temps aux autres ? Vous trouverez de nombreux clubs ou associations prêts à vous accueillir et à vous encourager à devenir « le » sportif, « le » danseur, « le » randonneur ou « le » bénévole de vos rêves.

Là où les choses se gâtent, c'est si vous souhaitez partager ce moment de plaisir avec votre « moitié ».

Si l'un rêve de danser le tango ou de se perfectionner dans l'art de mitonner des petits plats exotiques, et que l'autre n'a pour objectif que de s'entraîner pour le prochain marathon de New-York, vous aurez beaucoup de difficultés à trouver un terrain d'entente. Si vous arrivez à convaincre votre compagne ou votre compagnon de se rallier à votre choix : bravo, toutes mes félicitations. Si vous n'y parvenez pas, inutile de vous contraindre à pratiquer une activité dont vous savez déjà qu'elle va vous déplaire. Le rêve pourrait virer au cauchemar, la détente se transformer en stress, et la complicité amoureuse en hostilité ouverte.

Alors, si vous ne voulez pas voir s'installer dans votre couple une atmosphère exécrable, ne sacrifiez pas vos rêves, faites cavalier seul. Vous vous épanouirez en toute quiétude, et c'est le sourire aux lèvres que vous retrouverez votre conjoint pour un petit dîner romantique ou une soirée télé.

De toute façon, les loisirs de beaucoup de Français tournent aujourd'hui autour de la maison. Bricolage, jardinage et décoration sont une source inépuisable d'activités variées auxquelles s'adonnent aussi bien les hommes que les femmes. Somme toute, profiter de la maison est aussi un luxe rare dans notre société où nous devons sans cesse courir à droite et à gauche pour satisfaire nos besoins.

# DOSSIER 2

## Page 27 ////////////////////////// Piste 4

| | |
|---|---|
| Une femme : | – Arrêtez Mathias ! C'est toujours la même chose. Quoi qu'on vous reproche, vous trouvez toujours je ne sais quelle excuse pour échapper à vos responsabilités. |
| Mathias : | – Mais madame, je vous assure que je n'y suis pour rien. Je n'étais pas là mercredi. N'importe qui ici pourra vous le confirmer. |
| Une femme : | – Soyez un peu adulte ! Acceptez de reconnaître vos erreurs. Tout le monde en fait vous savez. Nul n'est parfait. |
| Mathias : | – Mais madame, … |
| Une femme : | – Pourquoi as-tu accepté ce boulot alors ? |
| Un homme : | – On ne m'en avait proposé aucun depuis six mois, je n'avais pas vraiment le choix ! |
| Une femme : | – Ce n'était pas une raison pour prendre n'importe quoi. |
| Un homme : | – Si justement. Quiconque dans ma situation aurait fait le même choix. J'ai deux enfants moi. |
| Une femme : | – Certains auraient peut-être été |

| | |
|---|---|
| Un homme : | plus patients, mais bon, chacun fait ce qu'il veut.<br>– Ou ce qu'il peut. Bon maintenant, qu'est-ce que je fais ? |
| Un homme : | – Pour la grève, tous vont la faire, mais il y en a plus d'un qui ne sont pas d'accord. |
| Une femme : | – Et pourquoi ils la font alors ? |
| Un homme : | – Par solidarité, mais rien ne prouve qu'ils vont suivre si on décide de la prolonger. Quelques-uns ont déjà prévenu. Pour eux, c'est une action ponctuelle. Ils ne veulent pas que le mouvement dégénère. |
| Une femme : | – On trouvera bien un argument quelconque pour les convaincre ? |
| Un homme : | – Sur quel thème préférez-vous être interrogée ? |
| Une femme : | – N'importe lequel. J'ai tout préparé. D'ailleurs, la plupart des sujets m'intéressent. |
| Un homme : | – Vous ne voulez écarter aucun sujet ? |
| Une femme : | – Non aucun. |
| Un homme : | – Alors vous allez me parler des pronoms indéfinis. Vous avez trente minutes de préparation. Si vous avez besoin de quoi que ce soit, n'hésitez pas à me le demander. |
| Une femme : | – Merci, je n'ai besoin de rien. |

**PAGE 30 ////////////////////// PISTE 5**

| | |
|---|---|
| La conseillère : | – Asseyez-vous. Alors, est-ce que vous avez une idée sur ce que vous aimeriez faire dans la vie ? |
| Un jeune : | – Aucune idée … ce qui m'intéresse le plus, c'est l'histoire, la psychologie … ou le sport. |
| La conseillère : | – Ce n'est pas le même genre ! D'après vos tests, il semble que vous ayez plutôt un esprit scientifique. |
| Un jeune : | – Ben, je suis bon en maths, mais je ne suis pas sûr d'avoir envie de travailler dans ce domaine. C'est trop sérieux, ça ne me ressemble pas. Au lycée, ce n'est pas pareil, il faut le faire … je le fais, ce n'est pas comme si je pouvais choisir. Mais, pour ma vie, c'est différent. |
| La conseillère : | – Quelle que soit la filière que vous choisirez, vous aurez toujours la possibilité de modifier votre orientation. Vous aurez peut-être davantage de débouchés si vous faites des études scientifiques, que si vous faites des études de psychologie par exemple. Il faut savoir que le secteur est assez bouché actuellement. |
| Un jeune : | – Peut-être, mais je ne vais pas faire n'importe quoi parce que c'est soi disant plus facile de trouver un emploi. Ça peut changer aussi dans les années qui viennent. |
| La conseillère : | – Dans l'immédiat, c'est peu probable. Vous envisagez plutôt une filière longue ou une filière courte ? |
| Un jeune : | – En fait, j'ai des doutes, je ne sais pas exactement comment ça marche. |
| La conseillère : | – Alors, pour la filière longue, vous devez vous inscrire à l'université. Vous préparez la licence en trois ans. Ensuite, si vous faites deux années de plus vous obtenez le master. Et enfin, vous pouvez passer un doctorat, ce qui nécessite encore environ trois ans. C'est-à-dire que si vous voulez aller jusqu'au doctorat, il faut compter huit ans d'étude. |
| Un jeune : | – Oh là là ! Non ! C'est beaucoup trop long ! |
| La conseillère : | – Vous n'êtes pas tenu d'aller jusqu'au doctorat mais il faut au moins finir la licence pour avoir un diplôme. |
| Un jeune : | – Et, … je pourrai trouver rapidement du travail avec ça ? |
| La conseillère : | – Rien n'est moins sûr !<br>La licence n'est pas une formation professionnelle. Si vous voulez une formation plus pratique, plus qualifiante, choisissez une filière courte en IUT pour préparer un DUT, ou faites un BTS. C'est tout aussi intéressant et au moins, après deux ou trois ans d'étude, vous aurez une formation professionnelle. |
| Un jeune : | – Et avec ça, je trouverai un travail ? |
| La conseillère : | – Ça ne fait pas l'ombre d'un doute. La plupart des étudiants sont recrutés avant la fin de leurs études et je suis convaincue que tous trouvent un emploi rapidement. |
| Un jeune : | – Mais, si après j'ai envie de continuer mes études ? |
| La conseillère : | – C'est toujours possible. Si vous avez des doutes sur vos capacités |

|   |   |
|---|---|
| | à faire de longues études, commencez par une filière courte et vous pourrez toujours continuer après. |
| *Un jeune :* | – Mais si je veux faire de l'histoire, je dois aller à l'université. On ne peut pas faire autrement ? |
| *La conseillère :* | – Non, bien sûr. Et il faut savoir que dans certains domaines, il y a beaucoup moins de débouchés que dans d'autres. Vous n'avez pas les mêmes chances de trouver un emploi si vous faites de l'histoire que si vous faites de l'informatique ou de la gestion par exemple. Dans ce domaine, rien n'est garanti. Vous comprenez bien que la société a davantage besoin de techniciens que d'historiens. Ça ne veut pas dire que les historiens ne peuvent pas trouver d'emploi bien sûr, seulement, c'est d'autant plus difficile pour eux que les emplois sont assez rares. Nul doute qu'il faudra être plus combatif pour trouver une place avec un diplôme d'histoire qu'avec un quelconque DUT, ou alors, il faudra vraiment être le meilleur. |
| *Un jeune :* | – Oui, ... je ne sais plus quoi penser. |
| *La conseillère :* | – Écoutez, vous avez encore le temps de réfléchir. Je vais analyser plus sérieusement vos tests et on se reverra d'ici une semaine. D'accord ? |
| *Un jeune :* | – Oui d'accord, merci. |

**PAGE 34** ///////////////////// **PISTE 6**

| | |
|---|---|
| *Bertrand (journaliste) :* | – Face à un taux de chômage élevé et à une croissance mondiale très modeste, l'idée d'un revenu pour tous fait son chemin. Revenu de base, allocation universelle, revenu d'existence, revenu citoyen,... peu importe le nom qu'on lui donne, il pourrait être une des révolutions majeures du XXI$^e$ siècle. Mais de quoi s'agit-il ? En fait, l'idée n'est pas nouvelle puisqu'on trouve déjà mention du revenu inconditionnel dès le XVIII$^e$ siècle chez Thomas Paine, un intellectuel britannique. Le revenu universel serait donc une somme fixe, versée chaque mois par l'État à chaque citoyen, de sa naissance à sa mort, sans contrepartie. D'autres proposent de ne verser cette allocation que de 18 à 65 ans mais, dans tous les cas, cet argent n'aurait aucune relation avec le travail. Cela ne veut pas dire que nous ne travaillerions plus, mais nous pourrions réellement choisir un travail et un rythme de travail qui nous conviennent. Déjà testé dans certains pays comme la Finlande ou les Pays-Bas, le revenu universel peut prendre des formes différentes selon les choix politiques des pays concernés. Cependant, s'il est aujourd'hui présent dans les discours de tous les partis politiques, le revenu universel ne fait pas encore l'unanimité. Notre journaliste Nicolas Breton a mené son enquête. Bonjour Nicolas, où en est l'idée de revenu universel en France ? |
| *Nicolas (journaliste) :* | – Bonjour Bertrand. Et bien, chez nous comme ailleurs, l'idée fait son chemin. Certains y voient un moyen de faire disparaître la grande pauvreté puisque chaque individu aurait un revenu, comme vous l'avez dit, durant toute sa vie. Ce revenu se situerait entre 400 et 1 000 euros par mois, la somme exacte restant à déterminer. Pour d'autres, cela permettrait de simplifier notre système d'aides sociales qui n'est finalement pas très efficace. En effet, le revenu universel pourrait remplacer toutes les aides actuellement versées par l'état comme le RSA, le revenu de solidarité active qui est versé aujourd'hui aux personnes qui n'ont aucun revenu ou qui ont un salaire très faible. Donc, simplification, puisqu'avec le revenu universel, chaque individu toucherait la même somme, quels que soient les revenus de son travail. Certains craignent que cette mesure n'encourage l'oisiveté et que le pays devienne alors un pays d'assistés dans lequel plus personne ne voudrait travailler. Nous n'en sommes pas là car le travail est aussi pour beaucoup de |

gens une source de satisfaction et le revenu universel reste un revenu modeste. Mais malheureusement, notre société est actuellement incapable de donner un emploi à tout le monde.
Pour les défenseurs du projet au contraire, ce revenu donnerait à chacun une sécurité suffisante pour être libre de faire vraiment ce qu'il a envie de faire et donc d'être peut-être, plus productif. Il serait alors plus facile de s'investir dans une profession ou une activité sans avoir peur des difficultés économiques qui peuvent nous pousser vers la précarité.

*Bertrand :* — Je comprends ce que vous voulez dire quand vous parlez d'une plus grande liberté dans les choix professionnels. On peut imaginer moins risqué dans ces conditions de créer sa petite entreprise, de prendre du temps pour se former ou de se lancer dans une reconversion professionnelle, mais … qu'entendez-vous par « s'investir dans une activité » ?

*Nicolas :* — Et bien, si la plupart d'entre nous veut travailler dans une entreprise, on peut imaginer que d'autres préfèreraient se consacrer à une activité culturelle ou bien donner leur temps pour aider une ONG ou s'investir dans une association. Tout devient possible si la survie ne dépend plus du travail.

*Bertrand :* — Nous avons vu que quelques pays sont en train de tester cette mesure mais, qu'attend-on de ces tests exactement ?

*Nicolas :* — Le but de ces tests est d'abord de voir comment les gens vont se comporter s'ils reçoivent ce revenu universel. Vont-ils devenir plus créatifs et en profiter pour se prendre en main, réaliser leurs rêves, ou … au contraire, vont-ils devenir plus passifs et se désintéresser de la collectivité. La réponse est bien sûr déterminante pour l'avenir de nos sociétés.

# DOSSIER 3

Page 47 ////////////////////////// Piste 7

*Une femme :* — Tu te souviens quand on allait à toutes les manifestations ?
*Un homme :* — Oui, je m'en souviens, c'était dans l'air du temps. C'est de l'histoire ancienne tout ça. C'est bien que tu me le rappelles, ça me rajeunit.
*Une femme :* — Oui, moi aussi. Quand j'y pense, ça me *fout le bourdon.
*Un homme :* — Oh il ne faut pas ! On a plus vingt ans, il faut en prendre son parti.

―――――

*Une femme A :* — Tiens, je viens de m'inscrire dans un club d'aquagym, c'est la grande mode en ce moment.
*Une femme B :* — C'est bien. … Tu peux te le permettre toi.
*Une femme A :* — Qu'est-ce que tu veux dire par là ?
*Une femme B :* — Ben … que tu en as les moyens.
*Une femme A :* — Tu plaisantes ? C'est tout à fait dans tes prix. Si ça te tente, n'y réfléchis pas pendant quinze jours, inscris-toi !

―――――

*Une femme :* — C'est vraiment la tendance du moment. Tout le monde en parle : la presse, la radio …
*Un homme :* — Oui, ça commence à bien faire. Moi, je n'ai pas l'intention de m'y mettre. Je trouve ça trop dangereux.
*Une femme :* — Rassure-toi, personne ne va te l'imposer !
*Un homme :* — Encore heureux ! Il ne manquerait plus que ça !
*Une femme :* — Non mais quand même, moi, ça me dirait bien d'en faire une fois … pour voir. Ça doit être sympa.

―――――

*Un homme :* — Tu as dit aux enfants qu'ils devraient s'y inscrire ?
*Une femme :* — Oui, je leur en ai parlé, mais tu sais, ils n'en font qu'à leur tête. C'est difficile de les convaincre s'ils n'y sont pas décidés.
*Un homme :* — Oui, je sais … ce serait pourtant bien qu'ils y participent.
*Une femme :* — Je les y encourage mais tu sais, je ne peux pas les y obliger.

Page 50 ////////////////////////// Piste 8

*Animateur (jingle) :* — Et aujourd'hui dans « parole d'auditeur » nous recevons Ali.
*Animateur :* — Ali va nous parler de son expérience de cohabitation un

*Ali :* petit peu particulière. Bonjour Ali.
*Ali :* – Bonjour.
*Animateur :* – Alors Ali, pourquoi teniez-vous tant à nous faire part de votre expérience ?
*Ali :* – Et bien, j'ai envie de la partager avec vous. En effet, je crois qu'elle peut être utile à d'autres jeunes dans mon cas.
*Animateur :* – Ali, on vous écoute.
*Ali :* – Et bien voilà, je suis étudiant à Lyon depuis quatre ans mais mes parents habitent à Mâcon et donc évidemment, il n'était pas question pour moi de rentrer à la maison tous les soirs. Les deux premières années, j'ai loué un studio en ville mais vraiment, ce n'était pas la joie.
*Animateur :* – Et pourquoi ça ?
*Ali :* – D'abord parce que, c'était relativement cher et que, compte tenu du prix, je trouvais que ce n'était pas très confortable. Ensuite parce que c'était minuscule. Le bureau était tellement petit que je ne pouvais rien y mettre d'autre que mes livres. Je devais manger assis sur le lit car il était impossible d'ajouter une table dans la pièce. Etant donné que le seul placard disponible était également ridiculement petit, je devais empiler une partie de mes affaires dans les toilettes. Enfin bref, ce n'était pas le Pérou ! Le lavabo avait la taille d'un lave main et alors, vous pouvez imaginer comme c'était pratique ... non, quand j'y pense, c'était l'horreur. Je n'ai rien contre le fait de payer un loyer, mais celui-ci doit être justifié !
*Animateur :* – J'imagine ! Bon alors, la situation s'est arrangée, je présume ?
*Ali :* – Tout à fait. À force de chercher, j'ai trouvé une solution. En fait, grâce à Simone, ma vie a changé.
*Animateur :* – Est-ce qu'on peut vous demander qui est Simone ?
*Ali :* – Bien sûr ! Simone est une adorable vieille dame que j'ai rencontrée il y a deux ans et chez qui j'habite maintenant.
*Animateur :* – Alors attendez, je ne comprends pas bien. Que s'est-il passé exactement il y a deux ans ?
*Ali :* – Et bien j'ai rencontré Simone par l'intermédiaire d'une agence spécialisée dans la cohabitation entre étudiants et personnes âgées. J'ai trouvé Simone adorable, elle m'a trouvé sympathique. Du coup, nous avons décidé de tenter l'expérience. Moi, j'ai tout de suite été emballé. Il faut reconnaître que Simone était moins enthousiaste que moi au début. En fait, je pense qu'elle avait un peu peur que ça ne marche pas.
*Animateur :* – Et alors, comment ça marche ?
*Ali :* – C'est très simple. Je loge gratuitement chez Simone, et en échange de la chambre qu'elle met à ma disposition, je lui rends de menus services.
*Animateur :* – C'est-à-dire ?
*Ali :* – C'est-à-dire que je lui fais ses courses, que je l'accompagne lorsqu'elle a besoin d'aller en ville. En fait, d'après le contrat, je dois aussi passer au moins deux soirées avec elle, mais Simone fait si bien la cuisine que nous dînons ensemble presque tous les soirs.
*Animateur :* – Et Simone est aussi satisfaite que vous de la situation ?
*Ali :* – Honnêtement, je pense que oui. Il y a une telle entente entre nous, qu'elle ne se sent plus seule comme avant. De fil en aiguille, j'ai fini par la considérer comme ma grand-mère et Simone a trouvé en moi un autre petit-fils.
*Animateur :* – Et cette situation ne vous pèse jamais ?
*Ali :* – Jamais. Moi, chez Simone, je suis aux anges. Il n'est pas juste de dire que les personnes âgées sont ennuyeuses. Simone a beaucoup d'humour et je dois dire qu'on rigole bien ensemble. Chez elle, je me sens vraiment chez moi. Ça me convient parfaitement. Ma chambre est très confortable, j'ai accès à toutes les pièces de la maison, je ne peux pas rêver mieux. Et, en discutant avec Simone, mon regard sur les personnes âgées a changé. Je me sens beaucoup plus proche d'elles. Je crois tout simplement que je les comprends mieux.
*Animateur :* – Mais Ali, vous êtes intarissable sur le sujet !

*Ali :* — Oui, c'est vrai. Au début j'ai fait ce choix par manque d'argent, mais aujourd'hui, je le referais dans tous les cas. C'est vraiment une expérience enrichissante.

*Animateur :* — Merci Ali.
Et bien, si Ali a suscité en vous l'envie de tenter cette expérience et si vous aussi vous comptez partager de bons moments avec une personne âgée, appelez-nous, nous vous donnerons les coordonnées des agences qui s'occupent de ce type de cohabitation.

## Page 54 /////////////////////////// Piste 9

*Journaliste :* — Bonsoir à tous. Nous recevons ce soir dans notre studio deux jeunes qui ont accepté de nous donner leur avis sur un sujet dont on reparle beaucoup en ce moment : la théorie du complot.
Mais, qu'est-ce que c'est exactement ? Eh bien voilà. D'après les adeptes de cette théorie, les informations dont nous disposons grâce aux médias ne reflèteraient pas la réalité de notre société. Les faits rapportés par les journalistes, et notamment ceux qui concernent les évènements violents ou catastrophiques, seraient inexacts ou mal interprétés. Les médias seraient manipulés par un puissant groupe secret qui aurait pour but d'influencer l'opinion publique dans le sens de son choix afin d'exercer un pouvoir absolu sur la planète. Mais qui seraient les manipulateurs ? Là, nous avons plusieurs versions, si bien qu'il est très difficile de comprendre leurs objectifs, ... ce qui ajoute au mystère !
Même si les Illuminati, un groupe créé au XVIII<sup>e</sup> siècle sont encore parfois évoqués, on accuse plus fréquemment les francs-maçons, divers groupes religieux, la CIA, ou encore des sociétés secrètes et même, pourquoi pas, les extraterrestres !
Le web regorge d'informations plus ou moins vraisemblables qui défendent cette idée que nous sommes tous manipulés sans le savoir. Je vous donne quelques exemples. Pour certains, l'homme n'aurait jamais marché sur la lune et les films que nous avons vus de cette expédition auraient été tournés à Hollywood. Pour d'autres, les attentats du 11 septembre aux États-Unis ne seraient pas la cause de l'effondrement des tours jumelles de New-York. Bref, la liste est longue des évènements réécrits à la lumière du complotisme. Mais je vais donner la parole à nos invités. Bonsoir Germain

*Germain :* — Bonsoir

*Journaliste :* — Vous croyez dans certains cas à la théorie du complot. Pouvez-vous nous expliquer pourquoi ?

*Germain :* — Et bien, disons que je suis sceptique ... mais ... je suis plutôt « pour » la théorie du complot. Je pense que l'information est manipulée, pas par des extraterrestres, mais par ceux qui ont un pouvoir politique ou économique et qui veulent le garder. Par exemple, les révélations faites ces dernières années par wikileaks peuvent nous laisser penser qu'effectivement, l'information à laquelle nous avons accès n'est pas toujours fiable, ou du moins, qu'elle n'est pas complète.

*Journaliste :* — Sébastien va vous répondre. Bonsoir Sébastien.

*Sébastien :* — Bonsoir. En fait, je pense que pour wikileaks, c'est un peu différent puisqu'il s'agit là de publier des documents normalement classés secrets ; mais ça ne prouve pas pour moi qu'il y ait des complots dans le but de nous manipuler. D'après moi, la théorie du complot, c'est par exemple lorsqu'on nous dit que tel ou tel terroriste est en fait un agent secret qui joue le rôle d'un terroriste pour effrayer l'opinion publique. Ça, je ne peux pas y croire, d'autant plus que nous connaissons les visages de ces gens et qu'il serait très facile de les démasquer.

*Germain :* — Oui, je comprends, ce n'est pas évident mais, ... pourquoi pas ? Je pense aussi que le pouvoir est toujours exercé par les mêmes personnes et ... il faut admettre que ce n'est pas un hasard. Les classes sociales défavorisées sont de plus en plus exploitées ... rien ne s'améliore vraiment dans notre société. Et puis, toutes ces informations que l'on trouve sur les sites Internet et qui défendent la théorie du complot ne peuvent pas toutes être fausses ! Pourquoi faudrait-il faire totalement confiance aux médias traditionnels ? C'est tellement facile de tout accepter sans se poser de questions que les gens ne cherchent pas toujours à savoir la vérité.

**Sébastien :** – D'accord, il faut garder un esprit critique et ne pas croire tout ce qu'on nous raconte. La presse a beau ne pas être parfaite ni même toujours objective ... je crois que c'est encore bien pire pour les sites qui dénoncent le complotisme. Ils n'ont généralement aucune preuve de ce qu'ils avancent. C'est impossible de leur faire confiance. Avec eux, il n'y a aucun doute, ils essaient vraiment de nous manipuler !

**Journaliste :** – Germain et Sébastien, je crois que ce soir, il sera difficile de vous mettre d'accord. Alors moi-aussi, je dirai que la première règle est de garder l'esprit critique face à toute information. De toute façon, il est toujours utile de contrôler la source de l'information, sa vraisemblance et les preuves apportées pour soutenir la thèse avancée. Germain et Sébastien, je vous remercie pour votre participation à notre émission. Bonsoir à tous et bonsoir à vous deux.

**Germain et Sébastien :** – Bonsoir.

## DOSSIER 4

**PAGE 67 //////////////////// PISTE 10**

**Une femme A :** – Tu viens à la grande manif contre les OGM cet après-midi ?
**Une femme B :** – Contre quoi ?
**Une femme A :** – Les organismes génétiquement modifiés ! Tu sais bien : les céréales et les légumes dont de savants chercheurs ont modifié le génome !
**Une femme B :** – Ben ... J'ai un après-midi bien chargé avec les enfants à la maison et Matteo en déplacement ...
**Une femme A :** – Allez, viens !

---

**Une femme :** – Ah bon, tu vas encore voir ton médecin de quartier ? Moi maintenant, j'ai abandonné tout ça pour la médecine ayurvédique.
**Un homme :** – Qu'est-ce c'est encore que ce truc là ?
**Une femme :** – Tu ne connais pas ? C'est une médecine hindoue traditionnelle beaucoup plus respectueuse de notre corps que la médecine allopathique ; la nôtre quoi !
**Un homme :** – Et comment ça marche ta nouvelle médecine miracle venue d'ailleurs ? Comment tu dis déjà ?
**Une femme :** – Ayurvédique ! C'est très simple...

---

**Une femme :** – Ça y est, j'en ai un !
**Un homme :** – Et tu t'en sers ?
**Une femme :** – Bien sûr, c'est incroyable tout ce que je mets dedans : les épluchures de légumes, les déchets alimentaires, le marc de café, les fleurs fanées, et même les cotons à démaquiller !
**Un homme :** – Ça coûte cher ?
**Une femme :** – C'est gratuit ! Tu vas sur le site de la ville, tu cherches la rubrique : traitement des déchets et là, on te propose de venir chercher un composteur à installer dans ton jardin. Tu cliques et tu peux aller chercher le composteur que tu as réservé.
**Un homme :** – Et tu crois que mon jardin n'est pas trop petit pour ...

---

**Une femme :** – Tu sais ce que j'ai lu ? Dans une trentaine d'années, il pourrait manquer un nombre impressionnant de femmes sur la planète, si on permet la sélection des embryons dans certaines régions du monde.
**Un homme :** – Tu as lu ça où ?
**Une femme :** – En fait ... dans un bouquin de science fiction mais ce n'est pas une idée aussi stupide que ça.
**Un homme :** – De toute façon, ce n'est pas grave, d'ici là, on fera de jolis bébés roses et potelés en usine ! On pourra même choisir la personne, de la famille ou pas, à qui il ressemblera.

*Une femme :* – Arrête, c'est horrible !
*Un homme :* – Pourquoi ?

**Page 70 //////////////////// Piste 11**

B : – Le développement durable ! Toutes les occasions sont bonnes pour en parler … à la radio, à la télévision, sur Internet … À propos de tout … la nourriture, les déchets, le commerce, … et même le tourisme !

A : – Bien sûr que tout le monde est pour le développement durable, mais il ne suffit pas d'en parler, il faut aussi faire des efforts pour y contribuer. Par ailleurs, il ne faut pas oublier que nous ne sommes pas seuls sur cette planète et que chacun a le droit de se nourrir, de se loger, d'être éduqué et d'avoir accès aux soins dont il a besoin. Or, si nous regardons autour de nous, il est clair que ces exigences basiques ne sont pas satisfaites partout.

B : – Nous sommes bien d'accord là-dessus et pour commencer, il est nécessaire de lutter contre la pauvreté et contre les inégalités qui sont, semble-t-il, de plus en plus importantes. Les riches deviennent de plus en plus riches alors que les pauvres s'appauvrissent de jour en jour. Ce sont nos choix politiques qu'il faut changer.

A : – C'est exact, mais nous ne devons pas attendre que les politiques règlent tous les problèmes. Chacun d'entre nous a le devoir de faire ce qu'il peut, à son niveau, pour améliorer la situation environnementale par exemple. Privilégier les transports en commun, opter pour le vélo ou la marche à pied quand c'est possible, limiter ses déchets, les trier, les recycler …

B : – Certes, c'est important, mais nous devons également apprendre à gérer les ressources, à ne pas les gaspiller. Je pense à l'eau et plus précisément à l'eau potable que les pays riches consomment en abondance alors que certains pays en voie de développement y ont un accès très limité. Savez-vous que la consommation d'eau par personne en Amérique du Nord est quarante fois plus élevée qu'en Afrique ? Comment peut-on accepter cela ?

A : – Il est vrai que c'est profondément injuste, mais la répartition naturelle des ressources est elle-même très inégale. Si partager les ressources agro-alimentaires est possible, partager la ressource en eau n'est pas si facile.

B : – Je vous l'accorde mais on ne peut pas en dire autant de toutes les ressources nécessaires à la vie humaine. La pêche industrielle notamment contribue à appauvrir les pays qui continuent à pêcher de façon traditionnelle. En réalité, les bateaux usines pillent les océans sans que personne ne s'en émeuve.

A : – C'est inexact. Les institutions internationales ont commencé à règlementer la pêche dans le monde. Je suis d'accord sur le fait qu'il y a encore beaucoup de progrès à faire mais on ne peut pas dire que rien n'a été fait. Les avancées dans ce domaine sont lentes, c'est vrai, mais pas inexistantes.

B : – Je vous trouve bien optimiste !

A : – Je ne dirais pas que je suis optimiste, j'essaie seulement d'être réaliste. Les problèmes sont multiples et variés et il est difficile de tous les résoudre en même temps, d'autant plus que tous les pays n'ont pas les mêmes priorités. Je suis pour ma part très inquiète quant à la pollution de l'eau, de la terre et de l'air dont nous sommes tous plus ou moins victimes. Les pays émergents veulent se développer et c'est bien naturel. Même s'ils font des efforts pour adopter des pratiques respectueuses de l'environnement, ils ne peuvent pas se développer sans polluer… et la croissance démographique attendue dans certaines parties du monde contribuera à accentuer les problèmes.

B : – Je suis tout à fait d'accord, d'ailleurs les disparités démographiques peuvent changer la face du monde. Si certains pays comme le Japon voient leur population diminuer, d'autres au

**A :** — En fait, on a beau avoir conscience des problèmes, cela ne nous permet pas vraiment de les résoudre !

**B :** — Je vous l'ai déjà dit ! C'est un sujet qui ne peut être traité que par la politique. Il est possible que l'on puisse ajouter notre goutte d'eau dans cet océan, mais soyons modestes, nous ne pouvons pas faire plus.

## PAGE 74 —  Piste 12

**Journaliste :** — Bonsoir à tous. Nous allons parler ce soir du gaspillage qui est devenu un problème majeur de notre système de consommation. Même si ce sujet est devenu très présent dans les médias, il ne semble pas inutile de revenir dessus. J'ai auprès de moi madame Nicolas qui est député écologiste et engagée dans la lutte contre le gaspillage.

**Mme Nicolas :** — Oui. Et bien bonsoir à tous. Je voudrais, pour commencer, rappeler quelques chiffres qui méritent toute notre attention. Il y a bien sûr du gaspillage dans tous les domaines, que ce soit les vêtements, les petits appareils électroniques, le papier, les emballages … ou même les meubles, mais aujourd'hui nous sommes particulièrement sensibilisés au gaspillage alimentaire qui atteint des proportions inadmissibles. Il faut savoir que, d'après l'Agence de l'environnement et de la maîtrise de l'énergie, dix millions de tonnes de nourriture sont jetées chaque année en France. Ce sont les chiffres de l'année 2016. Cela représente 16 milliards d'euros et 15,3 millions de tonnes de $CO_2$ produit inutilement. Pour être plus concret, on peut dire que chaque Français jette chez lui chaque année 29 kg d'aliments et que si l'on considère l'ensemble de la chaîne alimentaire qui va de la production à la consommation, ce sont 155 kg d'aliments par Français qui finissent à la poubelle.

**Journaliste :** — C'est effectivement énorme ! Toutefois, on peut espérer que les campagnes d'information menées par le ministère de l'environnement vont porter leurs fruits ?

**Mme Nicolas :** — Oui, ces campagnes d'information se multiplient, … elles intéressent de plus en plus de gens, … il n'en demeure pas moins que le gaspillage reste très important. Si ces campagnes aident le consommateur à prendre conscience des problèmes, il est difficile aujourd'hui d'en évaluer les résultats. Supprimer le gaspillage suppose un changement de comportement qui sera probablement long et difficile. La nourriture dans notre culture doit être abondante. Elle est une partie du plaisir de vivre ensemble et de la convivialité. Les enfants, doivent pouvoir trouver dans le frigo tout ce dont ils ont envie… Il faut être généreux avec ses invités … On a beau savoir qu'ils ne pourront pas tout avaler, on leur prépare quand même un repas pantagruélique !

**Journaliste :** — Donc si je comprends bien, le combat n'est pas gagné ! Si vous le voulez bien, nous allons prendre notre premier auditeur en ligne. Bonsoir monsieur, vous avez une question pour madame Nicolas.

**Auditeur :** — Oui. Bonsoir à tous. Et bien … s'il est difficile de changer les comportements en matière de gaspillage alimentaire, rien ne nous empêche d'intervenir d'une autre façon sur le problème. Dans certaines villes, il existe un ramassage spécial pour les déchets organiques en vue de les recycler. Pourquoi ne généralise-t-on pas ce type de recyclage ?

**Mme Nicolas :** — Oui, bien sûr, il y a des différences d'une ville à l'autre. Certaines sont à la pointe du tri sélectif et du recyclage alors que d'autres traînent un peu à mettre en place des systèmes lourds et coûteux. Mais bon … il y aura toujours des déchets organiques, il est donc nécessaire que les villes améliorent ce type de recyclage mais… il ne

|            |            |
|---|---|
| | faut pas que le consommateur considère que le gaspillage n'est pas grave, sous prétexte que le recyclage va un peu le minimiser. C'est bien de développer les techniques de compostage ou de production de biogaz. Néanmoins, il ne faut pas perdre de vue que le principal objectif est de modifier notre manière de consommer pour réduire le gaspillage. |
| Journaliste : | – Nous avons une autre auditrice en ligne. Bonsoir madame, nous écoutons votre question. |
| Auditrice : | – Bonsoir monsieur, bonsoir madame Nicolas. Je pense que les dates de péremption indiquées sur les produits alimentaires sont aussi un facteur important dans le gaspillage car elles sont souvent … comment dire ? … peu fiables. Par exemple, personnellement, il m'arrive de consommer des yaourts dont la date de péremption est dépassée d'une semaine au lieu de les jeter, et franchement, … je n'ai jamais été malade pour ça. Donc, pourquoi pousse-t-on le consommateur à jeter des produits qu'il pourrait très bien consommer ? |
| Journaliste : | – Madame Nicolas va vous répondre. |
| Mme Nicolas : | – Bonsoir madame. En fait, il existe deux types d'information que l'on trouve sur les produits alimentaires. La première DLC, qui signifie : « Date Limite de Consommation », apparaît sous la forme « À consommer jusqu'au … », c'est ce que vous trouvez justement sur les yaourts. Cette indication vous avertit qu'il ne faut pas consommer le produit après la date indiquée car il peut être dangereux pour la santé. Comme vous l'avez signalé vous-même, ce n'est pas toujours le cas et il faudrait donc peut-être revoir la durée de consommation pour certains produits. Cependant, à la décharge des industriels, il est difficile de prévoir si le consommateur va garder le produit dans les conditions idéales ou pas. L'autre information que vous pouvez trouver concerne la DDM, autrement dit : la Date de Durabilité Minimum, que l'on trouve généralement sous la forme : « Consommer de préférence avant fin, etc. ». Cela ne signifie pas que le produit est dangereux après cette date, mais seulement qu'il a peut-être perdu une partie de ses qualités gustatives ou nutritives. Donc pour résumer : autant il peut être dangereux de consommer des produits après la date « limite » de consommation, autant la consommation d'aliments après la date « conseillée » est sans danger. |
| Journaliste : | – J'espère que madame Nicolas a répondu à votre question. Nous passons maintenant à une autre question … |

# DOSSIER 5

**PAGE 87** ////////////////////////// **PISTE 13**

|            |            |
|---|---|
| Un homme : | – C'est extraordinaire ce truc ! Laisse-moi voir comment ça marche ? |
| Une femme : | – Secret ! |
| Un homme : | – Tu devrais le présenter au plus vite au concours Lépine. |
| Une femme : | – À quoi ? |
| Un homme : | – Un concours pour les inventions. Ce n'est pas tout jeune, mais je crois que c'est sûrement encore d'actualité. |
| Une femme : | – Je n'en ai jamais entendu parler. |
| Un homme : | – Mais si, c'est là que l'inventeur du stylo à bille a fait découvrir au monde sa géniale invention. |
| Une femme : | – Ah bon ! Et tu crois que … mon truc … |
| Un homme : | – Je l'ai vu de mes yeux hier matin à la gare de Lyon ! |
| Une femme : | – Et alors, à quoi ressemble-t-il ? |
| Un homme : | – À un robot bien sûr ! mais, …tu lui fais un signe de la main et il se déplace tranquillement vers toi. Et quand tu lui as donné tes déchets, il te dit gentiment merci. |
| Une femme : | – Et tu crois vraiment qu'un robot va rendre propres les usagers de la gare ? |
| Un homme : | – Franchement … oui. Tout le monde le regarde se déplacer avec curiosité. C'est amusant quoi ! … Moi, ça m'a fait rire. |
| Une femme : | – Bon, je ne suis pas vraiment sûre |

|  |  |
|---|---|
|  | que ça me fasse rire mais je vais aller le voir quand même ! |
| *Un homme :* | – Bon anniversaire ! |
| *Une femme :* | – Oh ! … mais … qu'est-ce que c'est ? |
| *Un homme :* | – Un TrackR ! Tu n'en as jamais entendu parler ? |
| *Une femme :* | – Jamais ! |
| *Un homme :* | – Alors, devine à quoi ça sert. Je t'aiderai peut-être un peu si tu ne trouves pas. |
| *Une femme :* | – Heu … je ne sais pas moi … on dirait un jeton pour décrocher les chariots au supermarché, ou alors… c'est un truc pour se défouler… tu le fais tourner sans arrêt entre les doigts pour te calmer. |
| *Un homme :* | – Pas du tout. C'est pour retrouver facilement ce que tu as perdu … ta voiture par exemple… |
| *Une femme :* | – J'y suis ! C'est le machin que tu connectes à ton téléphone et qui te montre tout de suite où tu l'as laissé ! |
| *Un homme :* | – Tu as entendu parler des exosquelettes ? |
| *Une femme :* | – Les exosquelettes ? Mais … qu'est-ce que c'est que ça ? |
| *Un homme :* | – Ben…, si j'ai bien compris, c'est un peu comme une carapace d'insecte. Tu enfiles ton exosquelette et grâce à lui tu es beaucoup plus fort. |
| *Une femme :* | – Je ne comprends pas très bien. Tu peux recommencer en essayant d'être un peu plus clair ? |
| *Un homme :* | – En fait, c'est un système incroyable. Tu portes une espèce de carapace ou … un genre d'armure si tu préfères … qui t'aide à faire des mouvements. |
| *Une femme :* | – Bon … Tu ne pourrais pas me donner un exemple ? |
| *Un homme :* | – Et bien par exemple, … l'exosquelette peut faire marcher un handicapé, même si ses jambes ne fonctionnent plus, car il est capable de le porter en quelque sorte. Tu comprends ? |
| *Une femme :* | – Ouah ! |

**PAGE 90** //////////////////////// **PISTE 14**

| | |
|---|---|
| *Un homme :* | – À mon avis, vous ne devriez pas faire confiance aux sites Internet ! Vous savez comme moi que la confidentialité n'y est jamais garantie. Certes, la politique de protection des données s'améliore mais elle est loin d'être efficace à cent pour cent. Que ce soit sur les réseaux sociaux, sur les sites commerciaux comme sur n'importe quel autre site, vous feriez bien d'être très prudente. |
| *Une femme :* | – Mais … vous ne faites jamais d'achats sur Internet ? |
| *Un homme :* | – Si, évidemment. Il est devenu très difficile par exemple de voyager sans acheter un billet de transport ou réserver un hôtel sur la toile, mais il faut veiller à ce que les sites de paiement soient sécurisés, ce qui est généralement le cas. En fait, ce que je pense, c'est que l'on n'imagine pas toutes les informations nous concernant qui sont collectées sur la toile. |
| *Une femme :* | – Je sais bien, mais dans la plupart des cas, je ne considère pas que cela présente un réel danger. Cela m'amuse plutôt de voir qu'après avoir visité un site commercial, les objets auxquels je me suis intéressée apparaissent à tout moment en publicité sur les autres sites que je consulte. C'est un moyen de nous tenter mais n'ayez aucune crainte, personne ne nous obligera à acheter quoi que ce soit. |
| *Un homme :* | – Là-dessus, je suis d'accord, mais on voit quand même des choses plus dramatiques. Ces jeunes qui, un peu inconscients, ont posté des photos ou des textes compromettants et qui se retrouvent licenciés de leur entreprise, c'est assez stupide non ? |
| *Une femme :* | – Bien entendu ! Il faut tout de même réfléchir un peu avant de faire n'importe quoi. Je suis certaine que vous ne feriez pas quelque chose d'aussi ridicule ? |
| *Un homme :* | – Évidemment non ! Mais … pourquoi ne pas mieux avertir les plus jeunes ? Pourquoi ne pas leur expliquer les risques qu'ils prennent en s'exposant comme ils le font ? |
| *Une femme :* | – Il me semble que la plupart d'entre eux sont plutôt bien informés. Ne vous en faites pas, ils connaissent les risques qu'ils prennent mais cela ne suffit pas à les arrêter. |

Les jeunes ont tendance à se croire invulnérables, ... même s'ils comprennent parfois un peu tard que ce n'est pas le cas. Mais croyez-moi, en général, ils apprennent sans trop souffrir de leur maladresse.

*Un homme :* — En fait, ce qui m'intéresse vraiment sur la toile, ce sont les blogs. Je trouve extraordinaire que chacun puisse aussi facilement défendre ses idées et toucher un grand nombre de lecteurs. Vous devriez lire celui de, ... euh ..., ah, c'est une jeune femme incroyable mais ... j'ai oublié son nom, ... vous savez, elle parle très intelligemment des techniques de conditionnement mental, ... ah mais, comment s'appelle-t-elle ?... bon ... j'ai oublié son nom, je vous enverrai le lien ce soir. Bref, c'est extraordinaire qu'un individu puisse, tout seul, sans soutien ni de personnalités connues, ni de la presse ... de personne en fait, ... qu'un individu puisse attirer l'attention d'un nombre illimité de lecteurs sur un sujet qu'il a choisi sans avoir à tenir compte de rien. Ça c'est une forme de liberté incroyable ! Je vous encourage vraiment à lire les écrits de cette jeune femme.

*Une femme :* — Et ... son site est fiable ?

*Un homme :* — Je pense que oui ... de toute façon, je ne fais que lire ce qu'elle écrit.

*Une femme :* — Ça suffit à laisser des traces ! Je ne veux pas vous influencer mais ...

*Un homme :* — Oh, j'ai compris ! Vous avez raison ; on n'arrêtera pas le progrès, alors, allons-y ! Jetons-nous à l'eau !

**PAGE 94** ////////////////////////// **PISTE 15**

*Un homme :* — Toutes ces technologies modernes, c'est très bien tant que l'appareil fonctionne ! Mais en cas de problème, vous êtes totalement impuissant. Finie l'époque où un bricoleur pouvait réparer lui-même les petites pannes du quotidien, maintenant, vous êtes totalement tributaire du fabricant. Lui seul peut intervenir pour réparer ou, le plus souvent, pour remplacer l'élément défaillant, enfin ... quand c'est possible ... car bien sûr, ce n'est plus toujours le cas ! Nous avons complètement perdu la maîtrise de nos objets du quotidien. Ils nous rendent des services auxquels on s'habitue si facilement que très vite, on ne peut plus s'en passer. Qui voudrait encore baisser les vitres de sa voiture manuellement ? Pourtant, si l'on y réfléchit bien, ça ne demande pas un effort insurmontable ! Nous sommes devenus des assistés, incapables de faire quoi que ce soit par nous-même. Il faudrait envisager les choses autrement ..., réfléchir de façon différente.

*Une femme :* — Et les fabricants en profitent ! Tous les appareils regorgent de ces petites choses qui semblent nous rendre la vie plus facile. Mais ... il y a le revers de la médaille ! ... Avant, un réfrigérateur pouvait vivre vingt-cinq ans. Aujourd'hui, avec les progrès de la technique, il faut s'estimer heureux si on le garde dix ans ! Pensez-vous que les fabricants soient moins compétents qu'avant ? Pas du tout ... bien au contraire ! Ils sont simplement capables aujourd'hui de programmer la mort de votre appareil pour pouvoir vous en vendre un autre dans des délais raisonnables... enfin, ... raisonnables pour eux. Ils usent et abusent de l'obsolescence programmée même si ce procédé est aujourd'hui formellement interdit par la loi. Vous savez, ... l'obsolescence programmée, c'est le fait de programmer une défaillance dans un appareil électrique ou électronique à plus ou moins long terme. Sans cette panne stupide, ... l'appareil pourrait encore fonctionner quelques années mais malheureusement, ... il ne fonctionne plus. Si vous voulez le faire réparer, le coût de la réparation est souvent dissuasif, et encore ... à condition qu'elle soit possible ... ce qui n'est pas toujours le cas.

*Un homme :* — Bon, mais, ... comme vous l'avez dit, l'obsolescence programmée est aujourd'hui interdite par la loi.

Alors, il existe toute une panoplie d'autres formes d'obsolescence … et les fabricants l'ont bien compris. L'esthétique par exemple. Il suffit de changer la ligne de certains produits pour démoder ceux que vous possédez depuis quelques années. La plupart des gens sont de plus en plus sensibles à l'aspect des objets. Les Français s'investissent beaucoup dans la décoration de leur logement et certains objets comme la télévision par exemple font partie du décor. Si elle semble dater du siècle dernier, il faut la changer … même si elle marche très bien !

*Une femme :* – Bien sûr. Tous les moyens sont bons pour nous pousser à la consommation et plus nous achetons des produits à la pointe de la technologie, plus ils sont rapidement démodés et même obsolètes. Prenez l'exemple des téléphones portables ou des ordinateurs. Sommes-nous certains d'avoir besoin du dernier progrès technologique en la matière ? Pas du tout ! Néanmoins, beaucoup d'entre nous changent d'appareil à la moindre occasion … que nous ayons, ou que nous n'ayons pas besoin des dernières nouveautés que cet appareil propose.

*Un homme :* – C'est clair ! Mais quelquefois ce n'est pas vraiment un choix. Si vous avez un ordinateur un peu ancien, vous savez très bien qu'avec le temps, il devient impossible de mettre à jour certains logiciels et donc, à plus ou moins court terme, vous ne pouvez plus l'utiliser … même s'il fonctionne très bien par ailleurs. C'est encore un bon moyen de vous obliger à racheter du matériel neuf, la méthode est différente, mais cela revient au même.

*Une femme :* – À ce propos, j'ai lu qu'il y a un collectif spécialisé dans la communauté Emmaüs qui remet en état de vieux ordinateurs et les équipe de logiciels gratuits, que l'on peut partager avec n'importe qui et … faciles à actualiser.

*Un homme :* – Oui, j'ai vu ça. Comme toujours, la communauté Emmaüs, qui a pour vocation d'aider les plus modestes, a trouvé une solution. Ils réparent jusqu'à présent les objets et les appareils dont les plus aisés se débarrassaient ; maintenant, de la même façon, ils reconvertissent les ordinateurs pour les rendre accessibles à tous. C'est parfait, mais cela ne concerne qu'une petite minorité. L'entreprise est louable, mais … pourquoi devrait-on résoudre les problèmes créés par les fabricants eux-mêmes ? Ce sont eux qui devraient nous proposer des solutions acceptables et pas seulement nous encourager à jeter pour acheter.

*Une femme :* – Ne rêvons pas ! Vous en demandez peut-être un peu trop !

# CORRIGÉS

## DOSSIER 1

*Page 6 exercice 2 :* Exemples de problématique : L'amitié est-elle nécessaire à l'être humain ? Les autres nous rendent-ils plus forts ? L'amitié permet-elle de faire disparaître les différences ? L'amitié est-elle plus durable que l'amour ?

*Page 7 exercice 3 :* **1.** C'est celle qui … – C'est fou ce qu'elle … – c'est (pas) pour ça qu'ils … – Ce n'est pas son physique qui… – Ce qui est sûr, c'est qu'elle … – **2.** C'est intéressant ce que … – C'est une occasion qui … – Ce que je pense, c'est qu'il … – C'est choisir qui … – **3.** C'est bête ce que … – Ce que je vais faire ? – C'est ce à quoi je … – C'est te lamenter qui … – **4.** C'est celle qui … – celui qui parle avec Laure, c'est celui dont … – Ce qui est bien avec toi, c'est que … -

*Page 10 exercice 1 :* Le thème de la conversation est la famille.

Les sujets abordés : La famille reste une valeur sûre. Ce qui fait la famille, ce sont les enfants. La majorité des femmes qui ont des enfants sont mères au foyer. Les pères s'occupent davantage des enfants que dans le passé. Dans beaucoup de familles, les personnes âgées gardent une bonne relation avec leurs enfants.

Exemples : Fred lui-même s'occupe beaucoup de ses enfants. L'autre homme parle de sa grand-mère qui passe presque tous les week-ends avec sa famille.

*Page 10 exercice 3 :* Accord et désaccord : Je ne suis pas du tout d'accord avec toi. – je pense que Laura a raison. Je suis tout à fait de son avis. – Absolument. – Ça c'est vrai – Ça d'accord. – je suis d'accord avec toi. – Évidemment.

Jugements : La famille, ce n'est plus ce que c'était ! – Ce qui est important, c'est que les gens soient bien ensemble. – Je trouve ça plutôt bien. – C'est une évolution tout à fait remarquable ! – Tu exagères peut-être un peu ! – Par bonheur …

*Page 10 exercice 4 :* **1.** La famille est aujourd'hui encore une base essentielle dans la société. – **2.** Le fait d'être marié ou non n'a aucune importance. – **3.** La famille est constituée à partir du moment où le couple a des enfants. – **4.** Les familles constituées de parents remariés et de tous leurs enfants ne peuvent pas être des familles faciles à vivre. – **5.** Les pères d'aujourd'hui sont différents des pères du passé. Ils sont plus présents, plus proches de leurs enfants. – **6.** Chacun préfère rester chez soi plutôt que d'aller vivre chez quelqu'un d'autre.

*Page 13 exercice 1 :* **1.** Une mère et ses deux fils – **2.** La scène se passe à la maison, en fin d'après-midi. – **3.** La femme fait des erreurs de langage, elle intervertit des mots. – **4.** « Enlevez vos mains, lavez-vous les chaussures »/« Enlevez vos chaussures, lavez-vous les mains » – « Je vous prépare le devoir ensuite je ferai couler le goûter et vous mangerez votre bain… »/« Je vous prépare le goûter ensuite je ferai couler le bain et vous mangerez votre goûter … – « Je vous ai pris un paquet de jambon et une tranche de pâtes »/« Je vous ai pris un paquet de pâtes et une tranche de jambon. » – « Je vous ai aussi acheté une paire de slips et une chaussette à chacun »/« Je vous ai aussi acheté une paire de chaussettes et un slip à chacun » – « Je vous ai pris une jeune fille pour regarder avec la cassette »/« Je vous ai pris une cassette pour regarder avec la jeune fille » – « Qu'est-ce que j'ai fait de mes clés ? … j'avais mon sac dedans pour payer … »/« Qu'est-ce que j'ai fait de mon sac ? J'avais mon porte-monnaie dedans pour payer … ». **5.** Le grand frère s'adresse toujours à la mère qui ne l'écoute pas, le petit frère s'adresse toujours au grand frère qui ne l'écoute pas non plus et la mère s'adresse aux enfants de manière incohérente. Il en résulte une impression d'absence de communication totale qui génère du stress pour tous les personnages.

*Page 14 exercice 3 :* **1.** beaucoup de manifestations publiques qui présentent différentes associations apparaissent. – **2.** casser la routine, faire quelque chose de différent. – **3.** beaucoup de propositions plus attirantes les unes que les autres. – **4.** connaître quelque chose de nouveau que vous ne connaissez pas encore. – **5.** la situation devient plus mauvaise, plus délicate. – **6.** cuisiner patiemment et avec amour des plats venus de pays lointains. – **7.** trouver une solution qui convienne à tous. – **8.** choisir la même chose que vous. – **9.** une ambiance très désagréable. – **10.** faites ce que vous voulez tout seul. **11.** vous deviendrez vraiment vous-même en toute tranquillité. – **12.** des activités pratiquées aussi bien par les hommes que par les femmes.

*Page 16 exercice 2 :* **1.** Il faut faire des efforts pour entretenir le bonheur. – **2.** sans le voir, sans le comprendre. – **3.** sans le connaître/même s'ils ne le connaissent pas. – **4.** être optimiste. – **5.** se sentir bien, heureux dans sa vie. – **6.** regarder l'aspect positif des choses plutôt que leur côté négatif. – **7.** Petit problème. – **8.** On ne peut pas se débarrasser de son passé. – **9.** ne pas vouloir regarder les problèmes. – **10.** le fait de réfléchir à sa vie est essentiel.

*Page 18 exercice 4 :* **1.** il y a de plus en plus de livres vendus. – **2.** si (le bonheur) est le sujet principal d'un film, ce film a beaucoup de succès. **3.** la couverture d'un magazine. – **4.** (le marketing), en nous donnant le sentiment que nous ne sommes pas capables d'être heureux, profite de ce sentiment de culpabilité pour nous pousser vers des plaisirs sans réel intérêt. – **5.** assez inquiétant, suspect. – **6.** choisir de devenir religieux professionnel. – **7.** un texte qui défend le fait de s'intéresser aux autres. – **8.** les valeurs liées à l'argent auxquelles notre société donne beaucoup d'importance. – **9.** les gens qui vivent dans les pays occidentaux profitent d'une qualité de vie matérielle qu'aucune société n'a connue dans le passé. – **10.** dans des proportions très importantes.

**11.** la société française est celle qui utilise le plus de médicaments contre la dépression. – **12.** des personnes et des sociétés beaucoup plus pauvres. – **13.** ajoute M. R.

*Page 20 exercice 2 :* **1.** on avait beaucoup parlé des investigations faites par l'institut national de la statistique et des études économiques. – **2.** le fait de vivre à deux paraissait vraiment merveilleux. – **3.** Elle m'a aidé à être meilleur. – **4.** extraordinaire espace protégé où l'on peut s'aider l'un l'autre à l'abri de l'extérieur. – **5.** les attaches habituelles disparaissent peu à peu. – **6.** montrer sa personnalité profonde qui était cachée jusqu'alors. – **7.** contrairement aux idées reçues, le couple pourrait presque être le seul espace commun où l'on puisse être vraiment libre. – **8.** grâce à lui (le couple), chacun peut commencer à soigner ses blessures.

*Page 22 exercice 4 :* **1.** le fait de réclamer le droit d'être indépendant. – **2.** un changement important dans les relations. – **3.** faire disparaître les petits problèmes de tous les jours. – **4.** être victime de critiques et de reproches. – **5.** un choix très délicat. – **6.** Faire disparaître les choses banales. – **7.** un besoin de liberté impossible à satisfaire. – **8.** les obligations et les autres problèmes. – **9.** très loin de … . – **10.** une façon de vivre bien organisée. – **11.** méthodiquement. – **12.** très monotone, basé sur la répétition des mêmes activités et peut-être même ennuyeux, sans attrait.

## BILAN PAGES 24-25

1 à 7 : Ce qui est intéressant, c'est que c'est toujours différent. Ce que j'aime, c'est qu'on peut (puisse) toujours enrichir la relation. C'est une relation dans laquelle on trouve beaucoup de réconfort. Ce dont j'aurais peur, c'est de perdre mes amis sans comprendre pourquoi. Garder mes amis pour toujours, c'est vraiment ce dont je rêve ! Je crois que c'est la relation pour laquelle je suis prêt/e à faire le plus d'efforts. J'ai quelques amis et ceux qui sont vraiment fidèles, ce sont ceux que je connais depuis très longtemps. C'est grâce à eux que la vie est belle. …

8 à 11 : Oui, je suis tout à fait d'accord./Je suis de cet (votre) avis./C'est vrai (juste/exact/évident …). /Bien entendu (sans aucun doute/tout à fait/ …).

12 à 16 : Non, je ne suis vraiment pas d'accord./Je ne suis pas de cet (votre) avis./Je ne partage pas cet avis./Ce n'est pas vrai./C'est faux./C'est inexact./En aucun cas./Absolument pas./Pas du tout.

17 et 18 : Je trouve cette idée inacceptable./Je trouve incroyable que ce sujet soit encore d'actualité./Ça me paraît normal que certains pays aient envie d'en discuter. …

19 et 20 : Il est regrettable que certains pays remettent en cause les droits des femmes./Il semble utile que les femmes puissent s'exprimer sur ce sujet./Il semble nécessaire de reprendre les discussions sur ce sujet. …

21 : Le mariage pour tous est une excellente chose !/ Le mariage pour tous est inadmissible – **22.** : Le mariage pour tous a enfin été adopté !/Hélas ! Le mariage pour tous a été adopté ! – **23.** À juste titre, le mariage pour tous a été adopté !/L'adoption du mariage pour tous ne fait pas l'unanimité, loin s'en faut. – **24.** On ne peut pas laisser dire que tout le monde approuve le mariage pour tous./Comment peut-on croire que le mariage pour tous serait dangereux pour la société ?/Qu'on le veuille ou non, le mariage pour tous existe, il faut l'accepter.

1 : B – 2 : E – 3 : C

# DOSSIER 2 ////////////////////////////////

*Page 26 exercice 2 :* Exemples de problématique : Les connaissances que nous devons acquérir pendant nos études sont-elles toutes indispensables ? Faut-il simplifier les programmes scolaires ? Les études sont-elles adaptées au monde actuel ? Ne demande-t-on pas trop d'efforts aux étudiants ?

*Page 27 exercice 3 :* **1.** quoi qu' (on vous reproche = qu'on vous reproche une chose ou une autre chose) – je ne sais quelle (une excuse ou une autre) – rien (je n'y suis pour rien = ce n'est pas ma faute) – n'importe qui (tout le monde) – nul (personne) – **2.** aucun (pas un seul travail) – n'importe quoi (un travail non choisi) – quiconque (n'importe qui/tout le monde) – certains (d'autres personnes) – chacun (chaque personne) – **3.** Tous (tous les gens) – plus d'un (plusieurs) – rien (pas une seule chose) – quelques-uns (quelques personnes) – quelconque (indéterminé) – **4.** N'importe lequel (n'importe quel thème) – tout (la totalité des thèmes) – la plupart (presque tous) – aucun (2 fois) (zéro) – quoi que ce soit (n'importe quelle chose ou information) – rien (aucune chose ni aucune information)

*Page 30 exercice 3 : Doute* : il semble que … – je ne suis pas sûr de … – vous aurez peut-être … – peut-être … – soi disant … – c'est peu probable – j'ai des doutes – je ne sais pas exactement – Rien n'est moins sûr – vous avez des doutes sur … – je ne sais plus quoi penser

*Certitude* : Ça ne fait pas l'ombre d'un doute – je suis convaincue – bien sûr – nul doute que

*Page 30 exercice 4 :* **1.** Toutes les études permettent-elles de trouver un emploi ? – **2.** Doit-on choisir les études que l'on fait en fonction des débouchés qu'elles offrent ? – **3.** Faut-il tenir compte de la durée des études dans son choix d'orientation ?

*Page 33 exercice 1 :* **1.** La scène se passe dans une classe probablement au lycée. – **2.** Il y a le professeur de géographie et les élèves. – **3.** Agrippine a eu 0,5 sur 20 à son devoir car elle n'a pas traité le sujet qu'elle avait choisi. – **4.** Pour l'enseignante, il est clair qu'elle a triché en copiant sur le devoir de Transi Macdo qui lui, avait choisi l'autre sujet : Les ressources naturelles de l'Asie centrale. Agrippine a copié sans faire attention au sujet choisi.

*Page 34 exercice 3 :* **1.** une augmentation des richesses très faible. **2.** une somme d'argent donnée à tous pour permettre à chacun de vivre. – **3.** sans rien en échange. – **4.** tout le monde n'est pas d'accord pour mettre en place le Revenu Universel. – **5.** l'idée avance petit à petit. – **6.** Chaque personne recevrait la même quantité d'argent. – **7.** certaines personnes ont peur que la mise en place du revenu universel incite les gens à ne pas travailler. – **8.** un pays dans lequel l'état aide financièrement les gens à vivre. – **9.** Nous ne sommes pas encore arrivés à ce stade. – **10.** consacrer beaucoup de son temps et de son énergie dans son travail. – **11.** nous entraîner vers l'instabilité et la pauvreté. – **12.** moins dangereux. – **13.** changer de métier et s'engager dans une nouvelle activité. – **14.** une organisation non gouvernementale qui a pour objectif d'aider les autres.

*Page 37 exercice 2 :* **1.** mon diplôme n'avait plus de valeur. – **2.** avait pour objectif professionnel de ramasser les poubelles. – **3.** une vie future programmée à l'avance. – **4.** Je travaillais dans une entreprise en complément des cours que je suivais. – **5.** encore une déception. – **6.** le chef de l'entreprise m'a systématiquement attaqué. – **7.** le point commun/partagé par tous. – **8.** cette grande déception. – **9.** associé de façon naturelle, inévitable aux problèmes du choix d'une profession. – **10.** ses parents s'opposent sans discussion à sa décision. – **11.** en plus de l'attente des parents. – **12.** les études non spécialisées. – **13.** se mettre sérieusement au travail.

*Page 38 exercice 4 :* **1.** Ces intellectuels qui ont choisi de devenir des manuels. – **2.** Elle cherche à expliquer comment ces changements de profession fonctionnent. – **3.** Ce que doivent faire les salariés qui ont décidé de changer de métier. – **4.** On s'intéresse beaucoup à ces changements de voie. – **5.** Il y a une énorme différence entre ce que l'on veut et ce qui se passe réellement quand on change de profession. – **6.** Des parcours étonnants – **7.** Il y a de grandes différences. – **8.** Les changements complets de direction. – **9.** Des professions dont on ne comprend pas bien l'utilité pour la société. – **10.** le salarié pense que son travail n'a aucun effet sur les choses importantes de la vie.

*Page 40 exercice 2 :* **1.** quels que soient les domaines professionnels. – **2.** Il y a 800 000 emplois pour lesquels on a besoin d'un travailleur. – **3.** il faut penser que l'on aura besoin de beaucoup de gens. – **4.** l'arrivée d'emplois jusqu'alors inexistants. – **5.** le pourcentage de nouveaux emplois. – **6.** La profession la plus connue. – **7.** dans un but commercial. – **8.** des professions de plus en plus orientées vers l'écologie pour accompagner le passage des énergies fossiles aux énergies renouvelables. – **9.** un lieu de construction. – **10.** cela montre que tout n'est pas mauvais. – **11.** qui peut être considéré comme dangereux.

*Page 42 exercice 4 :* **1.** une épreuve très difficile que l'on doit réussir. – **2.** l'utilisation des robots augmente. – **3.** la disparition des emplois qui font le lien entre le producteur/le fabricant et le consommateur. – **4.** ne permettent aucune indulgence. – **5.** ces changements très innovants dans leur domaine et rapidement indispensables. – **6.** Qui risque de perdre plus d'emplois que les autres secteurs. – **7.** ces changements positifs qui sont déjà appliqués maintenant. – **8.** encore plus du fait qu'elles ne profiteront pas autant de la progression dans les domaines les plus actifs. – **9.** une réponse parfaitement adaptée. – **10.** les gouvernements devront faire face à une augmentation du nombre de chômeurs. – **11.** les entreprises vont assister à une baisse de leurs ventes. – **12.** la fonction essentielle. – **13.** l'attitude négative qui caractérise les Français. – **14.** si personne n'a pu démontrer formellement ...

## BILAN PAGES 44-45

**1.** n'importe quoi/rien. – **2.** tout/rien/n'importe quoi. – **3.** la plupart/la plupart d'entre eux/la majorité/tous. – **4.** aucun/pas un. – **5.** quelques-uns/certains/les uns. – **6.** quelques-uns/certains/d'autres/les autres. – **7.** n'importe lequel. – **8.** Tout le monde/chacun (d'entre nous) doit en faire/personne. – **9.** quelle que soit la qualité de mon travail .../quoi que je fasse, il ne m'augmenterait pas./il trouverait je ne sais quelle bonne raison pour ne pas m'augmenter. – **10.** Quelles que soient ses compétences, elle aura cette promotion./Quoi qu'elle fasse, le directeur la trouve toujours très compétente. – **11.** quelle que soit la tâche (quel que soit le travail), elle (il) m'intéresse./quoi que je fasse, ça m'intéresse./je trouve toujours je ne sais quoi qui m'intéresse. – **12. 13. 14. 15. 16.** Je doute qu'il ait donné satisfaction ... – Il se peut qu'il n'ait pas donné satisfaction ... – Il semble qu'il n'ait pas donné satisfaction ... – Il n'aurait pas donné satisfaction ... – Peut-être n'a-t-il pas donné satisfaction ... – Je me demande s'il a donné satisfaction ... – J'ai des doutes sur le fait qu'il ait donné satisfaction ... – Il a donné satisfaction ... , rien n'est moins sûr. **17. 18. 19. 20.** Il ne peut pas venir au bureau ; il prétend que sa voiture est en panne. – Il ne peut pas venir au bureau sous prétexte que sa voiture est en panne. – Il a prétexté que sa voiture était en panne pour ne pas venir au bureau. – Il ne peut pas venir au bureau ; sa voiture est soi-disant en panne.– Sa voiture serait en panne, il ne pourrait pas venir au bureau. – **21.** D'ailleurs/du reste/la preuve – **22.** d'une part/d'un côté – **23.** d'autre part/de l'autre – **24.** par exemple/notamment/entre autres – **25.** de toute façon/de toute manière/quoi qu'il en soit – **26.** sauf/hormis/excepté/mis à part – **27.** par ailleurs/de plus/en outre – **28.** soit – soit/ou – ou bien – **29.** non seulement – mais aussi/mais encore – **30.** en somme/bref /dans le fond/en fin de compte/tout compte fait/somme toute -

# DOSSIER 3 ////////////////////////////////

*Page 46 exercice 2 :* Exemples de problématique : Notre société nous pousse-t-elle à rester en forme ? Être en forme : est-ce un phénomène de mode ? Peut-on échapper aux diktats de notre société ?

*Page 47 exercice 3 :* **1.** en = de quand on allait à toutes les manifestations – (me) le = quand on allait à toutes les manifestations – (me) – y = au fait que c'est de l'histoire ancienne tout ça – (me) – en = du fait qu'on a plus vingt ans – **2.** (m') – (te) le = t'inscrire dans un club d'aquagym – en = de t'inscrire dans un club d'aquagym – (te) – y = à t'inscrire dans un club d'aquagym – (toi) – **3.** en = de qqch. (ex : du saut à l'élastique, du vélo ...) – (m') y = à faire qqch. (ex : à faire du saut à l'élastique, du vélo ...) – (toi) – (te) l' = t'imposer de faire qqch. – (me) – en = de qqch. (ex : du saut à l'élastique, du vélo ...) **4.** (s')y = à qqch. (ex : à un concours, à un club de loisirs ...) – leur = aux enfants – en = de s'inscrire à qqch. – en : fait partie de l'expression : « n'en faire qu'à sa tête » = ne faire que ce que l'on a envie de faire – les = les enfants – y = à faire qqch. (ex : s'inscrire à un concours, dans un club de loisirs ...) – y = à qqch. (ex : à un concours, à une activité de loisirs ...) – les = les enfants – y = à faire qqch (ex : à participer à un concours, à une activité de loisirs ...) – les = les enfants – y = à faire qqch.

*Page 50 exercice 3 :* **1.** Se justifier: En effet, je crois qu'elle peut être utile à d'autres jeunes dans mon cas. – **2.** Prendre position : Je n'ai rien contre le fait de payer un loyer, mais celui-ci doit être justifié ! – **3.** Admettre quelque chose: Il faut reconnaître que Simone était moins enthousiaste que moi au début. – **4.** Contester : Il n'est pas juste de dire que les personnes âgées sont ennuyeuses. – **5.** Exprimer une intention : ... si vous aussi vous comptez partager de bons moments avec une personne âgée ...

*Page 53 exercice 1 :* **1.** à une amie. – **2.** tout : le lieu où elle est, ce qu'elle y fait, ce qu'elle voit. – **3.** pour paraître plus intéressante aux yeux de son amie. – **4.** Le titre illustre la situation. « La vie est un zoo » : nous sommes là pour regarder et être vus. « L'amour (est) un paquet de cacahuètes » : rien n'a de valeur, même les choses importantes, tout se consomme très vite. – **5.** Ça me gonfle = ça m'ennuie. Elle est super coincée = elle n'est pas très large d'esprit. Je peux pas le blairer = je ne l'aime pas. Des surfeurs canons = de très beaux surfeurs. Une baraque = une maison.

*Page 54 exercice 3 :* **1.** ceux qui croient à cette idée. – **2.** peut-être que les informations ne sont pas vraies. – **3.** les individus venus d'une autre planète. – **4.** Il y a énormément d'informations sur Internet. – **5.** le fait que les deux gratte-ciel de New York se soient écroulés (dans l'attaque du 11 septembre). – **6.** Les faits qui sont racontés différemment si l'on part du principe que la théorie du complot existe. – **7.** On ne peut pas toujours croire à l'information ; elle n'est pas crédible. – **8.** comme au théâtre, un employé du gouvernement (un espion par exemple) pourrait faire comme s'il était un terroriste. – **9.** On pourrait facilement les reconnaître. – **10.** les groupes les plus pauvres. **11.** est-ce que l'information paraît possible.

*Page 56 exercice 2 :* **1.** l'origine des hommes. – **2.** des questions relatives à la morale. – **3.** des êtres condamnés à travailler pour nous sans compensation ou ce que l'on jette après usage. – **4.** nous ne pouvons pas les utiliser. – **5.** le non respect, en toutes circonstances, de leurs droits essentiels. – **6.** Une façon d'être et d'agir qui a deux aspects très différents. – **7.** certains devront vivre dans de terribles conditions et mourir tués avant le moment de leur mort naturelle. – **8.** contre toutes les règles justes. – **9.** le plus important danger qui pourrait détruire notre monde. – **10.** se tenir informé des connaissances actuelles.

*Page 58 exercice 4 :* **1.** ce sujet est en train de devenir l'un des thèmes qui préoccupe notre société. – **2.** des créatures capables de comprendre et de ressentir la douleur. – **3.** les gens pensent de plus en plus qu'il faut les protéger. – **4.** a provoqué/causé dans la population un mouvement général de colère. – **5.** le coupable a été arrêté par la police. – **6.** comparé aux autres faits similaires. – **7.** bâtiments où l'on tue les animaux destinés à la consommation. – **8.** avec arrogance, mépris. – **9.** ce sont les associations qui sont à l'origine de ... – **10.** ceux dont le droit (les lois) s'occupe le moins car ils ne sont pas considérés comme importants. – **11.** les lois françaises montrent que la logique n'est pas vraiment respectée. – **12.** en ce qui les concerne.

*Page 60 exercice 2 :* **1.** un site Internet sur lequel les gens peuvent échanger des services. – **2.** la plupart. – **3.** ce qui pousse principalement les gens à faire quelque chose. – **4.** la volonté de mener à bien une entreprise en respectant l'environnement. – **5.** tout ce qui concerne ... – **6.** la renommée et la capacité à attirer les gens.

*Page 61 exercice 4 :* **1.** la grande mode des produits faits de façon artisanale. – **2.** encore une jeune entreprise innovante de plus. – **3.** Menu Next Door utilise l'économie collaborative. – **4.** à la maison d'un cuisinier qui n'est pas un professionnel. – **5.** des prix très bas. – **6.** nous investissons sur l'idée que les gens aiment être ensemble. – **7.** La nouvelle entreprise voudrait se développer à l'échelle mondiale. – **8.** c'est urgent. – **9.** qui travaillent dans cette activité particulière. – **10.** le groupe qui défend les intérêts des propriétaires de restaurant est très attentif. – **11.** le développement des entreprises.

*Page 62 exercice 6 :* **1.** une compétition claire et respectueuse des autres sur le marché commercial. – **2.** au désavantage des hôteliers qui sont victimes d'une baisse de leur clientèle. – **3.** Un développement des propositions de logement (en dehors de celles qui sont déjà règlementées) qui ne respectent aucune règle. – **4.** Airbnb la première. – **5.** qui organisent et règlementent ces activités. – **6.** de nombreux logements ne remplissent plus leur fonction normale. – **7.** des appartements normalement attribués à des gens modestes pour un loyer relativement bas qui légalement, ne peuvent pas être loués par le locataire à un autre locataire. – **8.** des parties entières de certaines villes ne sont plus habitables. – **9.** nourrir, donner de quoi vivre à cette autre activité : la location pour Airbnb. – **10.** Jusqu'à présent, ce type de location n'est pas soumis à l'impôt. – **11.** la collecte de la taxe payée par les touristes. – **12.** de nombreux propriétaires vont bien au-delà des ... – **13.** ... sont victimes de graves conséquences ... – **14.** des conséquences négatives pour les postes de travail et pour tous les acteurs économiques liés au logement de tourisme, auxquelles il est impossible d'échapper. – **15.** les hôteliers pratiquent leur activité sans rien prévoir ni rien organiser à l'avance. – **16.** des villes dont on ne peut pas dire qu'elles soient opposées à la création d'entreprises. – **17.** trouver une solution à ces excès.

## BILAN PAGES 64-65

**1.** Oui, je les y ai rencontrés./Non, je ne les y ai pas rencontrés. – **2.** Oui, je leur en ai parlé./Non, je ne leur en ai pas parlé. –

**3.** Oui, je le leur ai dit./Non, je ne le leur ai pas dit. – **4.** Non, je n'y ai pas réfléchi. – **5.** Oui, prête-le moi. – **6. 7. 8.** Je suis pour./Je suis contre./Je suis (plutôt) opposé(e) à cette idée./Je suis (plutôt) favorable à cette idée./Je ne suis pas opposé(e) à cette idée. /Je n'ai rien contre. – **9.** En effet, (la situation actuelle est ridicule./chacun est libre de vivre comme il veut. ...)/Puisque (les adultes doivent donner l'exemple./il n'y a pas de comportement typiquement adulte.) – **10. 11. 12.** Il est juste/clair/exact/incontestable/évident que .../Il faut admettre/reconnaître/avouer que .../J'admets/ je reconnais/je conviens/j'avoue que .../Il n'est pas juste/ raisonnable/sérieux de dire que .../Il est faux/inexact/ inacceptable/inadmissible de dire que … l'état ne fait rien .../que les plateformes collaboratives .../que la concurrence ... . – **13. 14. 15.** J'ai l'intention, j'ai dans l'idée, je projette, j'envisage, j'ai prévu de partir à l'étranger./Je compte (bien), j'entends (bien) partir à l'étranger. – **16. 17. 18.** Je souhaite, je désire, je voudrais bien, j'aimerais bien, j'espère ... rencontrer le président/Je rencontrerais bien le président./J'ai envie, je brûle, j'ambitionne, ça me dirait bien, ça me tente, ça me plairait ... de rencontrer le président/Pourvu que je rencontre ... . – **19. 20.** J'ai peur, je crains de sauter./Je suis affolé/effrayé/effaré/angoissé/épouvanté/terrifié/terrorisé … à l'idée de sauter./J'appréhende de sauter. – **21.** car. – **22.** Ce n'est pas que. – **23.** s'ensuit. – **24.** d'où. – **25.** en effet. – **26.** entraîne/provoque. – **27.** dans le but de. – **28.** entraîne/ provoque. – **29.** s'explique. – **30.** Résultat.

# DOSSIER 4 ////////////////////////////////

*Page 66 exercice 1 :* L'image représente deux profils face à face : l'un symbolise l'argent, l'autre la nature. Au milieu, une autre silhouette, de face, représente une terre desséchée, non productive, non porteuse de vie.

*Page 66 exercice 2 :* Exemples de problématique : Le pouvoir de l'argent est-il un danger pour la nature ? Dans l'avenir, les hommes devront-ils choisir entre préserver la nature et le développement économique ? Le développement économique se fait-il inévitablement au détriment de la nature ?

*Page 67 exercice 3 :* **1.** la grande manif* contre les OGM – les organismes génétiquement modifiés – les céréales et les légumes dont de savants chercheurs ont modifié le génome – un après-midi bien chargé avec les enfants à la maison et Matteo en déplacement – **2.** ton médecin de quartier – la médecine ayurvédique – une médecine hindoue traditionnelle beaucoup plus respectueuse de notre corps que la médecine allopathique – ta nouvelle médecine miracle venue d'ailleurs – **3.** les épluchures de légumes – les déchets alimentaires – le marc de café – les fleurs fanées – les cotons à démaquiller – traitement des déchets – un composteur à installer dans ton jardin. – **4.** une trentaine d'années – un nombre impressionnant de femmes – la sélection des embryons – certaines régions du monde – un bouquin de science fiction – une idée aussi stupide que ça – de jolis bébés roses et potelés – la personne, de la famille ou pas, à qui il ressemblera.

*On peut caractériser le nom par : un adjectif – un adverbe + un adjectif – un participe passé à valeur d'adjectif – un groupe prépositionnel – une proposition subordonnée relative.*

*Page 70 exercice 3 :* **1.** Bien sûr que tout le monde est pour le développement durable, mais il ne suffit pas d'en parler – C'est exact, mais nous ne devons pas attendre que la politique règle tous les problèmes. – Certes, c'est important, mais nous devons également apprendre à gérer les ressources – Il est vrai que c'est profondément injuste, mais la répartition naturelle des ressources est elle-même très inégale. – Je suis d'accord sur le fait qu'il y a encore beaucoup de progrès à faire mais on ne peut pas dire que rien n'a été fait. – Même s'ils font des efforts pour adopter des pratiques respectueuses de l'environnement, ils ne peuvent pas se développer sans polluer. – on a beau avoir conscience des problèmes, cela ne nous permet pas vraiment de les résoudre ! – **2.** Or, si nous regardons autour de nous, il est clair que ces exigences basiques ne sont pas satisfaites partout. – Si partager les ressources agro-alimentaires est possible, partager la ressource en eau n'est pas si facile. – En réalité, les bateaux usines pillent les océans sans que personne ne s'en émeuve. – **3.** d'autant plus que tous les pays n'ont pas les mêmes priorités. – d'ailleurs les disparités démographiques peuvent changer la face du monde.

*Page 73 exercice 1 :* **1.** Il s'agit d'une BD faite pour encourager les gens à respecter l'environnement. **3.** Sauf le père qui jette une allumette enflammée. **4.** une méthode éducative et non pas répressive. **6.** Il faut marcher et ne pas utiliser la voiture sur les chemins, surveiller le chien dans l'espace naturel, respecter la flore. Il ne faut pas jeter les déchets dans la nature.

*Page 74 exercice 3 :* **1.** le fait de jeter des produits sans les avoir utilisés ou consommés. – **2.** nous avons été informés et nous sommes concernés par ce sujet. – **3.** qui est si important que ce n'est pas acceptable. – **4.** les différents moyens d'information organisés par le ministère … vont apporter une solution. – **5.** comprendre réellement les problèmes. – **6.** il sera très difficile de réussir. – **7.** Quelques-unes ont adopté les dernières technologies pour séparer les différents matériaux. – **8.** d'autres prennent leur temps avant d'établir des techniques qui sont difficiles à installer et qui coûtent cher. – **9.** Il ne faut pas oublier que le but essentiel est … – **10.** les dates après lesquelles les produits ne sont plus bons/ plus comestibles. – **11.** quelquefois je … – **12.** les industriels dans ce cas ne sont pas coupables. – **13.** les qualités relatives au goût ou au fait que le produit soit nourrissant ou pas.

*Page 76 exercice 2 :* **1.** On ne peut pas choisir, on prend ce que le producteur a récolté. – **2.** La vente se fait directement du producteur au consommateur sans passer par un revendeur. – **3.** Le revendeur prend 40 % pour son rôle d'intermédiaire. Le prix du produit est donc 40% plus élevé. – **4.** préparent comme cela plusieurs mélanges de légumes différents. – **5.** payer les produits avant que l'agriculteur ne les cultive. – **6.** comme bénévole, c'est-à-dire une personne qui travaille volontairement sans être payée. – **7.** Des gens employés pour cultiver des légumes, d'autres pour les apporter sur les lieux de vente ou chez les consommateurs. – **8.** ce qu'ils font pour retrouver une place dans la société. – **9.** Des gens qui sont dans une position professionnelle instable qui pourrait les conduire à la pauvreté.

*Page 78 exercice 4 :* **1.** Des éleveurs prennent le risque de gagner ou de perdre en choisissant de travailler directement avec les consommateurs. – **2.** faire aller ensemble/associer le travail et le plaisir. – **3.** Ces deux mots semblent contradictoires. – **4.** Aimable et bavard, il n'a pas peur d'employer des mots forts (qui ici par exemple ont une connotation philosophique). – **5.** Cédric espérait gagner/réussir en choisissant de produire bio et de protéger une espèce locale en voie de disparition. – **6.** Les banques n'étaient pas nombreuses à accepter de financer son projet. – **7.** Son rythme de fonctionnement normal. – **8.** Cédric et ses deux associés s'accordent chacun un salaire. – **9.** S'ils ne connaissent pas la semaine de 35 heures. (35 heures de travail par semaine, c'est la durée légale du travail en France.) – **10.** l'épanouissement personnel que Cédric souhaite atteindre. – **11.** on se moque d'elle parce qu'elle est petite. – **12.** Quelques idéalistes qui ont partagé les idées des hippies après la révolution de 1968. – **13.** fatigués de consommer des produits qui ont tous le même goût. – **14.** L'agriculture traditionnelle a une réputation de plus en plus négative auprès du public. – **15.** essayer de convaincre le plus de gens possible que son idéal est le meilleur. – **16.** qui rencontrent des difficultés.

*Page 80 exercice 2 :* **1.** lorsqu'on parle du tourisme de masse (le fait qu'un grand nombre de touristes aillent tous au même endroit), on parle automatiquement d'un développement de l'économie du pays concerné. – **2.** les deux choses vont généralement ensemble. – **3.** quelle est la situation de la terre sur ce sujet ? (va-t-elle aussi profiter du tourisme ?) **4.** l'eau non salée. – **5.** Produit que l'on brûle pour obtenir de l'énergie et qui a été produit par l'accumulation et la transformation de matière végétale pendant des millions d'années comme le gaz, le pétrole ou le charbon. – **6.** le fait de couper des arbres sans raison logique sur des montagnes. – **7.** l'usure de notre terre par les pluies, les vents, etc. – **8.** elle produit … . – **9.** la production des gaz accusés de s'accumuler autour de la terre et d'être à l'origine du réchauffement climatique. – **10.** un voyage entre la France et les États-Unis représente la même dépense d'énergie que le chauffage … – **11.** ils sont les plus délicats et les plus fragiles. – **12.** mettre en danger. – **13.** parmi eux, 90 ont des coraux abîmés, détériorés. – **14.** le fait de trop marcher au même endroit. – **15.** ailleurs que sur les chemins prévus pour circuler.

*Page 82 exercice 4 :* **1.** les deux choses peuvent-elles fonctionner ensemble ? – **2.** un moyen considérable de développer l'économie. – **3.** les pays qui reçoivent des touristes. – **4.** Comment peut-on règlementer le tourisme ? – **5.** les conséquences doubles : positives et négatives. – **6.** le nombre de touristes a toujours augmenté. – **7.** on pense que le tourisme est vraiment un moyen important pour développer le pays. – **8.** une grande partie de ces emplois sont temporaires et beaucoup ne se trouvent pas dans des structures officiellement déclarées. – **9.** au niveau mondial. – **10.** il a besoin de règles internationales. – **11.** plus de mesures encourageantes et de règles strictes que chacun doit obligatoirement appliquer. – **12.** le fait que les habitants concernés doivent être invités à donner leur avis et à participer aux choix en toute responsabilité. – **13.** la réalisation de campagnes informatives pour tout le monde visant à faire comprendre à tous les éventuels problèmes.

## BILAN PAGES 84-85

**1.** Tu veux ces verres à vin ? – **2.** Je voudrais un verre d'eau. – **3.** Je voudrais réserver une table pour deux. – **4.** qui – **5.** dont – **6.** grâce auquel – **7.** qu' **8.** avec lesquels – **9.** pour lesquels – **10.** auquel – **11. 12. 13.** Certes (bien sûr/bien entendu), c'est une excellente idée mais ne seront-ils pas trop pollués ?/ Il est vrai (exact/probable) que c'est une bonne idée mais je crains qu'il n'y ait pas assez de place pour que cela soit vraiment utile./Il est possible que (il se peut que) ce soit une bonne idée mais il faut le prouver. – **14.** Certains prétendent que faire pousser des légumes sur les toits de Paris est une excellente idée. Or (en réalité/en fait), ce n'est pas le cas !/– Certains prétendent que faire pousser des légumes sur les toits de Paris est une excellente idée. C'est faux/c'est inexact/ en aucun cas ! – **15.** D'ailleurs (du reste/la preuve) très peu de gens le font. – **16. 17.** C'est faux (inexact)/En aucun cas. Non seulement beaucoup de gens respectent l'environnement mais ils agissent pour améliorer la situation./C'est exact (vrai/évident/clair) ; les gens respectent d'autant moins l'environnement que la plupart ne se sentent pas directement concernés. – **18.** Je suis (vraiment) déçu/contrarié/chagriné par le fait que peu de gens s'impliquent dans le nettoyage des plages. – **19.** Ça m'inquiète (me soucie/me tracasse) que peu de gens s'impliquent dans le nettoyage des plages. – **20.** Bien que/quoique – **21.** Pourtant/cependant/néanmoins/ toutefois – **22.** Contrairement à/à l'inverse de – **23.** alors que – **24.** Il n'en demeure pas moins que/n'empêche que/il n'en reste pas moins que – **25.** même si – **26.** toutefois/pourtant/ cependant/néanmoins – **27.** en revanche/au contraire/ par contre – **28.** quand bien même – **29.** malgré tout – **30.** au lieu de.

## DOSSIER 5 ///////////////////////////////

*Page 86 exercice 2 :* Exemples de problématique : Pourra-t-on bientôt tout faire sans sortir de chez soi ? Est-il souhaitable que tous les services soient accessibles en quelques clics ? L'accès à tous les services par simple clic ne va-t-il pas nous couper des autres ? Pouvoir tout faire seul, n'est-ce pas le chemin vers un monde égoïste ? Internet peut-il faire disparaître le commerce traditionnel ?

*Page 87 exercice 3 :* **1.** (c') est extraordinaire – laisse-moi voir – devrais (le) présenter au plus vite – (ce) n'est pas tout jeune – (je) n'en ai jamais entendu parler – a fait découvrir – **2.** (je l') ai vu de mes yeux – (il) se déplace tranquillement –

(il te) dit gentiment – (un robot) va rendre propre – (le) regarde se déplacer avec curiosité – (ça m') a fait rire – (ça me) fasse rire – (je) vais aller (le) voir – **3.** (Tu n'en) as jamais entendu parler – (Je t') aiderai peut-être un peu – (tu le) fais tourner sans arrêt - retrouver facilement – (qui te) montre tout de suite – **4.** (Tu) as entendu parler – (j') ai bien compris – (Je) ne comprends pas très bien – (Tu) peux recommencer en essayant d'être un peu plus clair – (qui) t'aide à faire – (Tu) ne pourrais pas (me) donner - peut faire marcher – (il) est capable de (le) porter en quelque sorte.

*Page 90 exercice 3 :* a) vous feriez bien d'être ... – pourquoi ne pas mieux avertir ... ?– Pourquoi ne pas leur expliquer ... ? – Vous devriez ... – vous ne devriez pas ... – Je ne veux pas vous influencer mais ... – il faut veiller à ce que ... – Je vous encourage vraiment à ... – allons-y ! Jetons-nous à l'eau ! – b) n'ayez aucune crainte, ... – Ne vous en faites pas, ... – croyez-moi, ...

*Page 93 exercice 1 :* Le personnage s'appelle Léonard car, comme Léonard De Vinci, il est un génial inventeur. Le début de l'histoire se situe dans un lointain passé. Un génie a inventé une machine à voyager dans le temps. Il part avec son assistant dans le futur et arrive sur la terre en 1900, près d'une usine qui dégage une forte pollution.

*Page 94 exercice 3 :* **1.** vous êtes complètement dépendant de l'entreprise qui a produit l'objet. – **2.** changer la pièce qui ne fonctionne plus. – **3.** une charge de travail trop difficile à assumer. – **4.** tous les appareils sont pleins de ces petites choses. – **5.** il y a aussi des inconvénients. – **6.** Ils utilisent de façon excessive des moyens qui permettent de faire tomber automatiquement en panne un appareil après quelques années d'utilisation. – **7.** le prix demandé pour remettre l'appareil en état est très élevé pour que les gens y renoncent. – **8.** une grande collection de ... . – **9.** dont la première mission est d'aider les plus pauvres. – **10.** l'action mérite d'être saluée.

*Page 97 exercice 2 :* **1.** quelques obstacles réduisent son développement dans ses aspects les plus médicaux. – **2.** le fait de mieux s'occuper du malade. – **3.** avec plus de bon sens, de façon plus cohérente. – **4.** l'une des missions clé de la e-santé est d'apporter une solution dans les régions qui ne disposent pas de suffisamment de personnel médical. – **5.** une visite médicale faite avec un contact entre malade et médecins sur Internet. – **6.** Les cabines qui proposent ces consultations par Internet ont commencé à se multiplier. – **7.** seul gros problème. – **8.** l'arrivée d'objets reliés à Internet. – **9.** d'une manière qui ne cause pas de lésion sur le corps et qui ne prend pas trop de temps.

*Page 98 exercice 4 :* **1.** c'est la première fois que cela arrive. – **2.** L'hôpital a acquis un robot très moderne qui permet de faire des opérations. – **3.** la chirurgie qui permet de ne pas trop couper les chairs continue à se développer. – **4.** des petites entailles, des petites coupures. – **5.** à la manière de ... . – **6.** de très petits mouvements dans un lieu où il y a peu de place. – **7.** la chirurgie qui a pour objectif de supprimer une partie du corps ou de refaire un élément endommagé pour lui redonner sa forme et sa fonction initiales. – **8.** dans un délai plus ou moins long. – **9.** Quand les médecins, les infirmières et tout le personnel soignant sauront utiliser ce robot. – **10.** des conséquences négatives. – **11.** la chirurgie pour les enfants. – **12.** le robot donne plus de force au geste. – **13.** léser les parties les plus proches. – **14.** Il n'y a pas de statistiques sur le nombre de petits accidents. – **15.** un accord est appliqué actuellement.

*Page 100 exercice 2 :* **1.** commencent à apparaître. – **2.** les ordres. – **3.** qui a lieu, qui se passe. – **4.** de déduire ce qu'il doit faire à partir des informations qu'il reçoit. – **5.** une direction de développement majeure. – **6.** pour permettre de les utiliser plus facilement. – **7.** chercher à découvrir le plus de choses possible dans ce domaine. – **8.** Apple est aussi en bonne position. – **9.** l'entreprise fait le maximum pour mettre au point une variante. – **10.** discuter. – **11.** sans le comprendre, sans le réaliser. – **12.** ils se multiplieront probablement dans le futur. – **13.** si l'on tient compte du grand nombre ... .

*Page 102 exercice 4 :* **1.** les gens ne sont pas très intéressés. – **2.** qui a lieu. – **3.** on trouve un grand nombre d'applications pour la maison connectée et dans tous les domaines possibles. – **4.** cette mode de vouloir connecter tous nos appareils. – **5.** révèlent leurs plus récentes inventions dans ce domaine. – **6.** répondront à nos plus petits désirs avant même que nous les ayons exprimés. – **7.** sans que nous soyons obligés de faire le plus petit geste. – **8.** une réalité bien visible, bien réelle. – **9.** provoque l'envie de beaucoup de professionnels. – **10.** une très grande quantité d'entreprises nouvelles. – **11.** qui souhaitent tous profiter de cet énorme marché. – **12.** pourcentage de ces produits connectés vendus. – **13.** Des chiffres très élevés qui ne sont peut être pas vraiment exacts. – **14.** peu de gens à titre personnel ont réellement décidé d'acheter ces produits. – **15.** beaucoup de gens reconnaissent les qualités de ces produits et souhaitent pouvoir les acheter. – **16.** la table qui comporte de nombreux capteurs, est utilisée comme four à micro-ondes. – **17.** en disparaissant discrètement dans les pièces de la maison. – **18.** cela suffit à décourager ... . – **19.** l'élément essentiel qui puisse bloquer. – **20.** l'autre crainte des utilisateurs d'objets connectés est liée à la confidentialité.

## BILAN PAGES 104-105

**1.** Parce qu'il marche lentement/parce qu'il s'ouvre difficilement/parce qu'il ne se recharge plus correctement. ... – **2.** Il devient lent/il a l'air cassé/il paraît fatigué. ... – **3.** Non, il est en panne,/je ne travaillerai pas avec plaisir sur celui-là/Oui, mais je le prends à contrecœur/par nécessité. ... – **4.** Non, je vais laisser Carine l'utiliser./Il faut laisser Carine travailler/Non, laissez-la finir son courrier ! ... – **5.** Non, mais j'en ai entendu parler./Oui et j'ai entendu dire que tout le monde le lit ici./Oui, vous avez entendu parler de celui de Ning ? ... – **6.** Oui, je vais en faire préparer un par mon assistant./Non, je vais aller faire réparer mon ordinateur./Non, j'ai fait chauffer l'eau pour le thé. ... – **7.** Bien sûr, je vais me faire couper les cheveux./D'accord, mais je ne veux pas me faire couper les cheveux./C'est vrai ! Je vais me faire faire une coupe originale. ...

– **8. 9. 10. 11.** Je te conseille de bien choisir, ils ne se valent pas tous./Tu devrais en prendre un qui obéit à la parole./À ta place, j'en choisirais un bon./Il vaudrait mieux que tu demandes conseil à un spécialiste./Il serait préférable que tu ailles l'acheter au Japon./Pourquoi ne pas l'acheter tout de suite ? ... – **12. 13. 14. 15.** Vous ne devriez pas faire ça ! Il est beaucoup trop jeune./Je vous déconseille de lui offrir ce cadeau, c'est une idée ridicule./Non ! Ce n'est pas raisonnable d'offrir un tel cadeau à un enfant de quatre ans !/Ce n'est pas une bonne idée de lui offrir un drone./Je ne veux pas vous influencer, mais personnellement je ne ferais pas ça. – **16.** Courage !/Ne laissez pas tomber !/Accrochez-vous !/Continuez !/Ne baissez pas les bras ... vous allez y arriver./Je vous encourage à persévérer, vous vous y habituerez. ... – **17.** Prenez garde !/Faites attention !/Méfiez-vous ! ... il ne faut surtout pas vous décourager./Veillez à les utiliser régulièrement, ce sera plus facile. ... – **18.** Ne vous en faites pas/Ne vous inquiétez pas/N'ayez aucune crainte/Ne craignez rien/Croyez-moi/Faites-moi confiance ... vous allez vous y habituer. ... – **19.** À moins de – **20.** dans l'hypothèse où/au cas où/dans le cas où/pour le cas où – **21.** même si – **22.** en cas d' – **23.** que – **24.** ou que – **25.** à supposer qu'/en supposant qu'/en admettant qu' – **26.** à défaut d'/faute d'/en l'absence d'/sans – **27.** sauf s' (si) – **28.** autrement/dans le cas contraire/sinon – **29.** à moins que – **30.** pour peu que.

**Crédits photographiques**

p.6 © Rawpixel.com/Adobe Stock
p.9 © olly/Adobe Stock
p.26 © grimaldello/Adobe Stock
p. 46 © veranoverde/Adobe Stock
p.49 © mangostar_studio/Adobe Stock
p.66 © manipulateur/Adobe Stock
p. 69 © jemastock/Adobe Stock
p. 86 © vege/Adobe Stock